Bertold Heizmann

Im Schatten Goethes: Kotzebue

Schrenk-Verlag

Meiner Frau, die meine Kotzebue-Studien
geduldig ertragen hat

Bertold Heizmann

Im Schatten Goethes: Kotzebue

Schrenk - Verlag

Bibliographische Information der Deutschen Bibliothek
Die Deutsche Bibliothek verzeichnet diese Publikation in der Deutschen Nationalbibliographie; detaillierte bibliographische Angaben sind im Internet über http://dnb.ddb.de abrufbar.

Cover: Dipl. Designerin Jördis Heizmann, Görlitz, www.kreadis.de
Abbildungen: Archiv Heizmann
Druck: Books on Demand Norderstedt

ISBN 978-3-924270-47-6

Inhalt

„Natur gab dir so schöne Gaben."

Goethe über Kotzebue,
Invektiven, ca. 1815

„Oberflächlich weiß alle Welt, dass Goethe und Kotzebue keineswegs Arm in Arm ihres Weges wandelten, obwohl beide Weimar angehörten, obwohl […] beide Ruhm genossen, obwohl nicht nur Kotzebue Goethe, sondern auch dieser jenen in seinen Leistungen hochstellte, und obwohl sie in regem literarisch-geschäftlichen Verkehr standen. Der Ruhm, den beide theilweise auf demselben Gebiet errangen, war allerdings ein verschiedener; eng war bei Lebzeiten beider der Kreis, in dem der Eine gewürdigt und verehrt wurde, und in diesem Kreis genoss der Andere geringen Ansehens; aber ihn entschädigte die zahllose Menge seiner Bewunderer, in denen der Erstere kaum dem Namen nach bekannt war."

Woldemar Freiherr von Biedermann:
Goethe und Kotzebue, 1881

„Es scheint, als ob die Deutschen vor lauter Kunst und Kunstsinn das Lachen mehr und mehr verlernen."

August von Kotzebue

Zur Einführung: Kotzebue und der große Frosch

Am 23. März 1819 wird August von Kotzebue in seiner Mannheimer Wohnung ermordet. Er ist 57 Jahre alt. Sein Tod hat weitreichende Folgen, denn der Täter ist ein politisch und ideologisch motivierter Burschenschaftler, und der Ermordete, ein äußerst populärer Schriftsteller, aber auch russischer Generalkonsul und bekanntermaßen als Staatsrat bei dem Departement des Auswärtigen in Sankt Petersburg 1817 als polizeilich-politischer Spion nach Deutschland geschickt, gilt als Symbolfigur reaktionärer Strömungen: Der Mord ist für die Obrigkeit willkommener Anlass, aufkommende freiheitliche Bestrebungen erst recht zu unterdrücken. Die weitgehend zum Feudalismus zurückgekehrten Staaten des deutschen Bundes leiden in der nachnapoleonischen Ära unter Revolutionsängsten; die Studenten, die sich in Burschenschaften organisiert haben, gelten als politisch suspekt. Im August desselben Jahres 1819 treffen sich die einflussreichsten Staaten des Deutschen Bundes unter Führung des österreichischen Außenministers Metternich, dem späteren Staatskanzler, in Karlsbad. Hier werden die „Karlsbader Beschlüsse" gefasst, die die aufkeimenden liberalen und nationalen Ideen – „demagogische Bewegungen" – für Jahrzehnte unterdrücken sollten: strenge Aufsicht über die Universitäten, Zensur von Druckerzeugnissen, Aufrechterhaltung des monarchischen Prinzips…

So ist Kotzebue nicht viel mehr als eine Fußnote der europäischen Geschichte geworden. In Golo Manns *Deutscher Geschichte des 19. und 20. Jahrhunderts* etwa wird wohl der Name des Mörders – Karl Ludwig Sand – genannt, nicht aber der des Ermordeten (ein „Lustspieldichter, der aus Berichten an den russischen Zaren ein Taschengeld gewann".[1]) Es sind Kotzebues spektakulärer Tod und dessen Folgen, die die Erinnerung an ihn wachhalten, nicht seine schier unerschöpfliche Produktivität als Schriftsteller, seine über 200 Theaterstücke, seine Romane, autobiographischen Schriften und streitbaren ‚Pasquillen'. Und weitgehend in Vergessenheit geraten ist seine immense Beliebtheit als dramatischer Dichter, die er sich mit seinen glänzenden Situationswirkungen und Charakterzeichnungen, mit seinen witzigen und leichten Dialogen und mit seinen teilweise exotischen Stoffen, die ihm die Gelegenheit zu allerlei sozialkritischen Seitenhieben gaben, durchaus verdient hat.

Die Literaturgeschichte nennt Kotzebue den meistgespielten Bühnenautor um die Wende vom 18. zum 19. Jahrhundert und hebt seine immense Produktivität hervor, versäumt aber selten - ähnlich wie bei Iffland - den abschätzigen Hinweis auf die Trivialität der Produktionen, die sowohl dem einen als auch dem anderen Schriftsteller Ehrenplätze neben den Großen ihrer Epoche verwehrt hätten. Zudem werden Kotzebue charakterliche Defizite unterstellt. So schreibt sein Zeitgenosse Karl August Varnhagen von Ense 1819 in seinem Aufsatz „Kotzebue's Ermordung":

> Der Name Kotzebue war der Welt bekannt durch eine Fluth mannigfacher Theaterstücke, mit denen sein fruchtbares Talent die deutschen und auch die meisten ausländischen Bühnen überschwemmte, durch eine Menge anderer literarischer Erzeugnisse, an denen gemeine Leselust sich labte, durch die schlechte Rührung und schlaffe Sittenlehre, welche in seinen Schriften das Gute und Edle vorstellen wollten, endlich durch seinen abenteuerlichen Lebenswechsel, durch zahllose für ihn schimpfliche Streitigkeiten, durch Lügen und Bübereien, die ihm fast aller Orten Verdruß und Schmach zugezogen hatten.[2]

Und noch 1892 heißt es in Julius Wahles Standardwerk *Das Weimarer Hoftheater unter Goethes Leitung*:

> Kotzebue, ein Schriftsteller von hervorragendem Talent, von unerschöpflicher Erfindung und Gestaltungsgabe, von starkem Witz

> und ausgebildeter Bühnenkenntnis, wurde durch die unglaubliche Leichtigkeit der Production und durch die Anerkennung, die er beim großen Publikum fand, zur Seichtigkeit und Leerheit verführt. Er ist ein Schriftsteller ohne Charakter, ohne Grundsätze, der sich in jede Mode zu schicken weiß, allen Geschmacksanforderungen zu entsprechen sucht.[3]

Aber selbst unter jenen Zeitgenossen, die an der Moralität seiner Stücke zweifelten, gibt es welche, die sich beeindrucken lassen. So schreibt etwa der Theologe Schleiermacher nachsichtig-humoristisch: Dieser Kotzebue sei „doch ein niederträchtiger Kerl. Er hat auch nicht die mindeste Vorstellung von wahrer Sittlichkeit [...] und man schämt sich ordentlich und ärgert sich, wenn man sich bei einzelnen Situationen rühren läßt, was mir ehrlichem Hunde doch hier und da begegnet." (28.1.1806)[4] Wilhelm von Humboldt sieht 1799 das Rührstück *Menschenhass und Reue* und ist gegen seinen Willen gerührt: „Es ist eine eigentliche Gewalt, die ein Schriftsteller über einen ausübt, einem solche Tränen abzuzwingen".[5] Und August Wilhelm Schlegel, einer der schärfsten Gegner Kotzebues, muss – in einem seiner satirischen Sonette – die beeindruckende Wirkung der Stücke seines Feindes eingestehen; er nennt sie sämtlich „Versuche mit dem Galvanismus": So wie, gemäß der Entdeckung des italienischen Naturforschers Galvani, Froschschenkel bei elektrischen Entladungen in Zuckungen versetzt werden, so zwinge Kotzebue „mit der Empfindung eines Blitzes / Das Publicum, den großen Frosch, zu zucken".[6]

Goethe und Kotzebue in einem Atemzug zu nennen ist nur dann möglich, wenn wir die beiden als Konkurrenten sehen, von denen der eine – Kotzebue – vergeblich versucht hat, bei dem anderen Anerkennung zu erlangen. Die Gemeinsamkeiten sind augenfällig: Beide gehören Weimar an – Kotzebue ist sogar dort geboren, als einziger der „Klassiker", worauf er sich nicht wenig einbildete –, und beide genießen Ruhm als Schriftsteller. Aber: „Dieser Kotzebue [soll mir] vom Leibe bleiben, weil ich fest entschlossen bin, auch nicht eine Stunde mit Menschen zu verlieren, von denen ich weiß, daß sie nicht zu mir, und daß ich nicht zu ihnen gehöre", so lautet eine der zahlreichen abfälligen Bemerkungen Goethes über seinen Zeitgenossen.[7]

Er „soll mir vom Leibe bleiben!" Dies beschreibt die Situation sinnfällig. Es ist das Ansinnen Kotzebues, Goethe nahe zu sein, ihm sozusagen zu Leibe zu rücken, was diesen mit Widerwillen erfüllt, so sehr fühlt er sich dem Bediener trivialer Bedürfnisse überlegen. Und somit verdunkelt der übermächtige Schatten Goethes eine Schriftstellerexistenz, die es verdient hätte, der Nachwelt in einem helleren Licht zu glänzen. Denn zu Lebzeiten der Beiden, also um die Wende vom 18. zum 19. Jahrhundert, gibt es durchaus Äußerungen, die Goethe und Kotzebue auf einer Stufe sehen; so antwortet beispielsweise Schiller dem Kammermusiker Schlömilch, der ihn im Auftrag einiger Interessenten um einen Operntext gebeten hatte: „Das ist nicht mein Fach, da müssen sich die Herren an Kotzebue oder an Goethe wenden".[8] Oder Franz Kirms, Hofkammerrat (später Geheimer Hofrat) und langjähriger Verwalter des Weimarer Hoftheaters, sozusagen die rechte Hand des Theaterdirektors Goethe, stellt 1800 die Theaterautoren Goethe, Kotzebue, Iffland und Schiller ebenfalls ohne eine Wertung nebeneinander: „Unser Theater befindet sich gegenwärtig bezüglich der Stücke in einem *embarras de richesse* [gemeint ist, man habe die Qual der Wahl], indem uns alle Manuskripte des Herrn Geheimrats v. Goethe, Herrn von Kotzebues und Herrn Ifflands zugehen. Außerdem gibt uns Herr Hofrat Schiller seine Originalstücke und Übersetzungen zur erstmaligen Aufführung".[9]

Kotzebue ist etwas gelungen, was den anderen verwehrt blieb: Er ist *populär*. Aber: Das ist in den Augen der Weimarer Größen eher ein Makel. Dazu etwas Grundsätzliches:

Die Verteufelung des „Populären" geht weitgehend von Goethe und Schiller selbst aus. In ihrem Sprachgebrauch ist „populär" Ende des 18. Jahrhunderts eher ein Schimpfwort: Das böse Wort „Pöbel“ klingt durch. Der Pöbel wolle nur „schauen, staunen, lachen, weinen“, beklagt sich Goethe in seinem Aufsatz „Weimarisches Hoftheater“ von 1802[10], und im „Vorspiel auf dem Theater“ heißt es: „Man kommt zu schaun, man will am liebsten sehn [...], so dass die Menge staunend gaffen kann“.[11] Das scheint widersprüchlich, denn ist es nicht das Ziel jedes Dichters, jeder Theateraufführung, die Leserschaft - oder Zuhörer oder Zuschauer - anzusprechen, emotional zu erreichen, also zu unterhalten? Es gilt ja seit der Antike der Satz des Horaz vom *prodesse et delectare*: Nicht nur erfreuen wollen die Dichter, sondern auch nützen - und dies, indem der Zuschauer oder Leser belehrt, letztlich verbessert wird. Und ist es nicht unbefriedigend für den Dichter, wenn er - nach Lessings Worten über Klopstock - zwar stets „erhoben“, aber kaum gelesen wird? - Goethes Haltung ist hier nicht ohne Dünkel, ablesbar an der Wortwahl („staunend gaffen“). Er setzt ein gebildetes, sachkundiges Publikum voraus und lehnt Literatur, die seiner Auffassung zufolge lediglich der Unterhaltung dient, als trivial ab.

Von einer Gleichstellung oder Gleichwertigkeit mit den Trivialautoren will Goethe jedenfalls nichts wissen. Auch er ist ja „populär“ geworden mit seinem Drama *Götz von Berlichingen* und natürlich dem *Werther*-Roman. Aber er hat höhere Ansprüche an sich und an seine Schöpfungen, und dies lässt er seine Mitwelt auch spüren. Das gilt selbst für seinen Schwager Vulpius, der mit dem Räuberroman *Rinaldo Rinaldini* außerordentlich erfolgreich ist, aber von Goethe keine Wertschätzung als Schriftsteller erhält, - und das gilt in besonderem Maße für Kotzebue. Zwar gibt es zahlreiche Äußerungen Goethes, die das dramatische Talent Kotzebues anerkennen, und natürlich ist er als Theaterdirektor bestrebt, die Bedürfnisse des Publikums zu befriedigen. Als er 1791 auf Wunsch des Herzogs die Leitung des Theaters übernimmt, sieht er sich vor eine gewaltige Aufgabe gestellt; schließlich fehlt alles, worauf er hätte aufbauen können. In der deutschen Kulturlandschaft gibt es kein stilprägendes Schauspielhaus; es fehlen, im Gegensatz zu Frankreich oder England, die Autoren, die als Vorbilder hätten dienen können. Und es fehlt schlicht auch am geeigneten Personal. Das Publikum wünscht unterhalten zu werden - und da sind anspruchsloser Klamauk und burleske Komik gerade richtig. Solche Bedürfnisse sind es, die Kotzebue befriedigt.

Auf Iffland, damals Regisseur in Mannheim, der sich nicht nur als Theaterautor, sondern auch als Schauspieler einen Namen gemacht hat, hält Goethe zeitweise große Stücke und ist auch bereit, dessen Vorstellungen zu übernehmen, zumal als er mit der begabten Iffland-Schülerin Caroline Jagemann eine Schauspielerin und Sängerin verpflichtet hat, der es, mit ihm zusammen, wenn auch im ständigen Widerstreit liegend, gelingt, das Weimarer Theater voran zu bringen. Iffland gibt auch Gastspiele in Weimar, und Goethe hätte ihn wohl auch gerne verpflichtet. In den Jahrzehnten von Goethes Theaterintendanz gibt es 354 Aufführungen Ifflandscher Stücke. Übertroffen wird diese Erfolgsgeschichte lediglich durch Kotzebue, den Goethe 638-mal auf die Bühne bringt: 16 Jahre lang werden jährlich durchschnittlich mehr als 25 Stücke von Kotzebue gespielt, darunter vier neue, bei jährlich ungefähr 200 Vorstellungen. Dagegen erleben die Dramen Goethes (und auch des viel bühnenwirksameren Schillers) sehr viel weniger Darbietungen.

Sollte der große Goethe dem beliebten Autor den Erfolg geneidet haben? Die Frage zu bejahen hieße, Goethe Kleingeistigkeit zu unterstellen. Er wusste ja, wie gesagt, was das Publikum wünschte, und er war schließlich auch Ökonom, der den Zuspruch brauchte und wusste, was er der „Masse" zu bieten hatte. Noch einmal das „Vorspiel auf dem Theater":

> Die Masse könnt ihr nur durch Masse zwingen,
> Ein jeder sucht sich selbst was aus.
> Wer vieles bringt, wird manchem etwas bringen;
> Und jeder geht zufrieden aus dem Haus.[12]

Dies ist durchaus ironisch gemeint. Der Dichter und der Theaterdirektor sind Sklaven der rohen Menge. Das heißt aber nicht, dass Goethe den Blick auf die Qualität vernachlässigt und die Wahrung eines Anspruches auf Erziehung, letztlich Veredelung des Publikums aufgegeben hätte. Und dies dürfte der Hauptgrund dafür sein, dass es bei den beiden trotz der überwältigenden Bühnenpräsenz des Schriftstellers, dessen Stücke in zahlreiche Sprachen übersetzt und auf den meisten Bühnen Europas und sogar in Übersee gespielt wurden, zu keiner künstlerischen Übereinstimmung kam. Allzu sehr ließ Goethe den Jüngeren spüren, dass er ihn nicht zu akzeptieren bereit war - er hielt ihn sich „vom Leibe".

Die verräterische Äußerung zeigt noch etwas Anderes. Kotzebue kam, im Unterschied etwa zu Iffland, Goethe im wahrsten Sinne zu nahe. Als gebürtiger Weimarer lernte er Goethe schon als Jugendlicher kennen; er näherte sich dem großen Vorbild mit dem brennenden Wunsch nach Anerkennung - und er wurde allzu oft enttäuscht. So leutselig Goethe auch sein konnte: Er wahrte seinen Lebenskreis und machte sich mit niemandem gemein, der ihm nicht angemessen dünkte. Diesen Wall vermochte Kotzebue nicht zu durchdringen; immer wieder prallte er daran ab. Das wiederum reizte ihn zur Attacke. Davon wird reichlich zu berichten sein.

Das 19. Jahrhundert hat sich, was die Beurteilung Kotzebues sowohl als Schriftsteller als auch als Mensch angeht, recht eindeutig auf die Seite Goethes geschlagen. Diese doppelte Negierung - als Schriftsteller ist er weitgehend vergessen, als Mensch ist er entweder als Objekt des Spotts oder eben als Reaktionär in Erinnerung - ist sein Schicksal. „Es scheint der Fluch auf allen Gegnern Goethes zu lasten, dass sie nur als Thersiten im Andenken der Nachwelt fortleben", schreibt Woldemar von Biedermann, ein einflussreicher Goetheforscher und Mitherausgeber der Weimarer Sophienausgabe.[13] In Homers *Ilias* ist Thersites ein hässlicher, schmähsüchtiger und deshalb von den anderen Helden verachteter Demagoge. Und die Schmähsucht ist es auch, die Kotzebue nachgesagt wird; er habe, als kleiner, missgünstiger Zeitgenosse es gewagt, am Podest des großen Olympiers zu kratzen.

Biedermann ist jedoch als einer der wenigen Kritiker des 19. Jahrhunderts um eine Relativierung bemüht: „...eng war bei Lebzeiten beider der Kreis, in dem der Eine gewürdigt und verehrt wurde, und in diesem Kreis genoss der Andere geringen Ansehens; aber ihn entschädigte die zahllose Menge seiner Bewunderer, in denen der Erstere kaum dem Namen nach bekannt war."[14]

Den prominentesten Fürsprecher hat Kotzebue jedoch in Friedrich Nietzsche gefunden. Nietzsche, selbst auch nicht gerade das Muster eines deutschen Kathederphilosophen, scheint Mitgefühl mit dem Außenseiter Kotzebue zu haben, dessen man sich in Nietzsches Gegenwart, also um 1878, wegen der „Verlogenheit und Unechtheit der deutschen Bildung" schäme. In seiner Schrift *Menschliches, Allzumenschliches* (Nr. 170: „Die Deutschen im Theater"), bezeichnet er Kotzebue als „das eigentliche Theatertalent der Deutschen" - noch vor Schiller:

> Hier war nichts Erzwungenes, Angebildetes, Halb- und Angenießendes: was er wollte und konnte, wurde verstanden, ja bis jetzt ist der *ehrliche* Theater-Erfolg auf deutschen Bühnen im Besitze der verschämten oder unverschämten Erben Kotzebuescher Mittel und Wirkungen, namentlich soweit das Lustspiel noch in einiger Blüte steht; woraus sich ergibt, daß viel von dem damaligen Deutschtum, zumal abseits von der großen Stadt, immer noch fortlebt. Gutmütig, in kleinen Genüssen unenthaltsam, tränenlüstern, mit dem Wunsche, wenigstens im Theater sich der eingebornen pflichtstrengen Nüchternheit entschlagen zu dürfen und hier lächelnde, ja lachende Duldung zu üben, das Gute und das Mitleid verwechselnd und in eins zusammenwerfend - wie es das Wesentliche der deutschen Sentimentalität ist -, überglücklich bei einer schönen großmütigen Handlung, im übrigen unterwürfig nach oben, neidisch gegeneinander, und doch im Innersten sich selbst genügend - so waren sie, so war er. –[15]

Auch wenn diese Äußerungen nicht ironiefrei sein mögen – worauf die Worte von der deutschen Sentimentalität, der Unterwürfigkeit und dem gegenseitigen Neid hindeuten –, so ist die Anerkennung für Kotzebues beabsichtigte und erzeugte „Mittel und Wirkungen" seiner Stücke auf das deutsche Publikum überzeugend begründet. Sein Erfolg sei „ehrlich" erarbeitet, fernab von einer „erzwungenen" und „angebildeten" Praxis, die dem Publikum die wichtigste Funktion des Theaters, insbesondere des Lustspiels, vorenthält, nämlich Genuss zu bereiten, den Alltag vergessen lassen, glücklich zu machen.

Kotzebue und Schiller seien also, in dieser Reihenfolge, die deutschen Theatertalente. Und Goethe? Bei ihm seien andere Maßstäbe anzulegen:

> Goethe stand über den Deutschen in jeder Beziehung und steht es auch jetzt noch: er wird ihnen nie angehören. Wie könnte auch je ein Volk der Goetheschen *Geistigkeit* im *Wohl-Sein und Wohl-Wollen* gewachsen sein! Wie Beethoven über die Deutschen weg Musik machte, wie Schopenhauer über die Deutschen weg philosophierte, so dichtete Goethe seinen *Tasso*, seine *Iphigenie* über die Deutschen weg. Ihm folgte eine *sehr kleine* Schar Höchstgebildeter, durch Altertum, Leben und Reisen Erzogener, über deutsches Wesen hinaus Gewachsener: – er selber wollte es nicht anders.[16]

Dies bedeutet keine Minderung der Wertschätzung Kotzebues, es verdeutlicht nur den Unterschied. Und es ist – weder bei Nietzsche noch im vorliegenden Kontext – die Absicht, Kotzebues und Goethes Theaterschaffen zu vergleichen oder gegeneinander aufzurechnen. Kotzebues Theatererfolg soll gewürdigt werden, weil er, nach Nietzsche, „ehrlich" ist. Die „Lügen" und „Bübereien", der „abenteuerliche Lebenswechsel", von denen Varnhagen sprach, sollen nicht verschwiegen werden – sie standen und stehen einer unbefangenen Beurteilung des Lebenswerks entgegen. Aber das Publikum, jener „große Frosch", der beim Wirken des Zaubermeisters zu zucken beginnt, sollte ebenfalls Ehrlichkeit walten lassen. Was heißt „seicht", „leer", „oberflächlich"? Der Erfolg ist ein gutes Argument. Und für diesen Erfolg gibt es gute Gründe, auch ästhetische.

Robinsons Insel, ein Märchenonkel und die Liebe zum Theater

„Überall findet Kotzebue nur sich selbst, sein Wirken und Treiben wieder." Goethe

In seiner unerschöpflichen Fabulierlust hat Kotzebue des Öfteren sein eigenes Leben, seine Absichten, Erfahrungen und die auf ihn einwirkenden Einflüsse niedergeschrieben. Eine Sammlung seiner autobiographischen Schriften erschien 1811. Hier gilt: Diese *Selbstbiographie* kommt unterhaltsam daher, teilweise durchaus geistreich – den Wahrheitsgehalt gilt es jedoch zu überprüfen, denn allzu oft hat sich der Verfasser der Neigung hingegeben, sein Licht heller leuchten zu lassen, als es die Umwelt empfunden haben dürfte. Darüber können seine Bescheidenheitstopoi oder seine selbstkritischen Äußerungen nicht hinwegtäuschen.

Kotzebue ist jedenfalls, darauf legt er Wert, ein echter *Weimarer* (kein „Weimaraner", denn Weimaraner sind Hunde). In Weimar also erblickt er am 3. Mai 1761 das Licht der Welt. Mit feiner Ironie, wohl auch einem Hang zur Selbstüberschätzung, nennt er seinen Geburtsort „Deutschlands Athen": War Athen die Wiege der griechischen Klassik und Weimar die der deutschen, dann macht er sich anheischig, dortselbst gebürtig zu sein und eben nicht in Frankfurt oder gar in Marbach. (Nichtsdestoweniger dankt ihm seine Geburtsstadt ihm dies bis heute nicht, es gibt in Weimar keine „Kotzebuestraße"). – Die Familie stammt ursprünglich aus dem anhaltinischen Kossebau; davon ist auch der Name abgeleitet. Es hat wohl nie das Bedürfnis einer Namensänderung bestanden, obwohl die Zeitgenossen sich weidlich darüber lustig gemacht haben („Kotze- oder Beelzebub" usw.). Der Vater, ein herzoglich Weimarscher Legationsrat, verstirbt früh; die Kinder Amalie (von der noch die Rede sein wird) und August werden von der gebildeten und gutmütigen Mutter aufgezogen. Schon als Fünf- oder Sechsjähriger will er allerhand gelesen haben, das ihn prägte: In einer Sammlung kleiner Erzählungen lernt er die Geschichte von *Romeo und Julia* - Vorbild für viele seiner späteren Liebesdramen - kennen, ebenso den *Don Quijote* und vor allem den *Robinson Crusoe*. Gerade das Schicksal dieses Schiffbrüchigen entflammt seine Phantasie, bei der Lektüre vergisst er alles um sich herum: „O! wie sehnlich wünschte ich mir damahls, daß mir doch einst das Glück beschieden seyn möchte, auf eine wüste Insel verschlagen zu werden!“[17] Ebenso fasziniert ihn die Figur des „Wilden“ Freitag. Die Motive der fremden, exotischen Länder und Völker, insbesondere die Figur des „guten Wilden“, den man in Rousseauscher Manier den durch die Zivilisation verdorbenen Menschen des 18. Jahrhunderts entgegenhalten kann, werden in seinen späteren Stücken immer wieder eine wichtige Rolle spielen. - Die Mutter versorgt ihn auch mit Fabeln und Gedichten, und bald beginnt er, „diesen Sänger[n] nachzuzwitschern“.[18] Und selbst erste dramatische Versuche fallen in diese frühe Kindheit. Als ‚Dichter‘ kommt er zu einer bemerkenswerten Erkenntnis. Auf den frühen Tod eines jungen Weimarer Mädchens, das an Pocken starb, schreibt er eine „Elegie“ - und findet darin eine „Quelle des Trostes“: „So übte zum ersten Mahle die allgewaltige Schriftstellereitelkeit ihre Tyranney über mich aus“.[19] Es ist durchaus wahrscheinlich, dass er sich in der späteren Niederschrift seiner Autobiographie bei derartigen Gedanken an dem großen Vorbild Goethe orientiert hat: Dieser hat sich schließlich des Öfteren aus emotionalen Belastungen mit Hilfe einer sublimierenden Dichtung befreit. Freilich ist kaum denkbar, dass Goethe sich mit dieser Begrifflichkeit („Tyrannei“, „Eitelkeit“) einverstanden erklärt hätte.

Die Begebenheit jedoch, die, nach seinen eigenen Worten, den größten Einfluss auf seine Bildung gehabt hat und ihn von der zartesten Kindheit an „unwiderruflich zum dramatischen Dichter bestimmt hat“[20], ist der Besuch einer Theateraufführung.

Sein Onkel, der Märchensammler und -dichter Musäus, hatte sich des frühreifen und hochbegabten Knaben angenommen.

Johann Karl August Musäus

Johann Carl August Musäus (1735-1787) ist - als gescheiterter Pfarramtskandidat - von der Herzoginmutter Anna Amalia nach Weimar geholt worden, schreibt witzige Satiren, Opernlibretti und Ballettentwürfe und wirkt selbst als Schauspieler in komischen Rollen auf dem Weimarer Liebhabertheater mit. Später wird er, wenn auch spärlich honoriert, Direktor des Gymnasiums, muss allerdings, um seine Familie durchzubringen, auch Privatstunden geben. Seine schriftstellerischen Versuche bringen wenig ein, erst mit der Veröffentlichung der *Volksmärchen der Deutschen* (1782-86) kommt der Erfolg. Als Schulmeister versieht er den Unterricht der alten Sprachen eher unwillig, bemüht sich aber, in freiwillig abgehaltenen „poetischen Stunden" den Schülern, wozu auch sein Neffe gehört, Hilfestellungen zu erteilen, wenn sie Auswendiggelerntes oder ihre eigenen poetischen Entwürfe vortragen. Dies erfüllt Kotzebue mit Respekt und Bewunderung für den Onkel, weiß er doch selbst sehr gut, wie unbeholfen diese ersten Versuche sind. Jedenfalls darf er sich, als er eine Ballade vorträgt und Musäus ihn fragt, aus welchem Almanach er sie bezogen habe - sie ist jedoch selbstverfasst -, als *Dichter* fühlen, gesteht sich aber selbst ein, lediglich bestehende Vorbilder nachgeahmt und noch keine originalen Ideen entwickelt zu haben.

Dieser Onkel also ist es dann, der den Knaben mit zu dessen erster Theateraufführung mitnimmt. Und seitdem ist August Kotzebue dem Schauspiel verfallen; er nutzt jede Gelegenheit, auch ohne Billet ins Theater zu gelangen. Sein vorzügliches Gedächtnis hilft ihm, ohne das jeweilige Manuskript zu lesen zu bekommen, die Texte auswendig zu behalten. Zu Hause spielt er dann die Stücke nach, nicht selten übernimmt er sämtliche Rollen; zudem steckt er seine Familie sowie alle Freunde an, Requisiten zu basteln und Bühnenbilder zu gestalten. - Diese Freuden enden jäh, als das Weimarer Schloss, in dem sich das Theater befindet, 1774 in Flammen aufgeht. Die Theatermacher, allen voran die von Kotzebue verehrten Conrad Ekhof und Abel Seyler, beide dem Weimarer Musenhof unter der Schirmherrschaft Anna Amalias zugehörig, ziehen nach Gotha. Es ist die Zeit, in der Goethe nach Weimar kommt.

Erwartungen, Enttäuschungen

So kommt es bald in der kleinen Residenzstadt an der Ilm zu der schicksalhaften Begegnung zwischen dem phantasiebegabten und literaturbesessenen 14-jährigen Jungen und dem neuen Leitstern am Himmel Weimars - Goethe. Und es beginnt eine wechselvolle Geschichte voller Annäherungen und Ablehnungen, von schwärmerischer Zuneigung und kühler Verachtung. Für August ist Goethe zeitlebens eine übermächtige Leitfigur, an der er sich reibt, der er es gleichtun möchte und um deren Anerkennung er buhlt, deren Wahrung der Distanz ihn aber auch immer wieder antreibt und zu neuen Taten inspiriert. Und zeitweise darf er auch Triumphe feiern, wenngleich diese nicht von Dauer sind. Für die Nachwelt bleibt er im Schatten Goethes. Dafür liefert die Rezeptionsgeschichte einen überzeugenden Beweis; die negativen Urteile überwiegen bei weitem.

Die schicksalhafte Zurücksetzung Kotzebues durch den Neu-Weimarer Goethe beginnt früh, ergibt sich aber keineswegs zwangsläufig. Die Mutter des jungen August mag wohl in verständlichem Stolz die Fähigkeiten ihres „Wunderkinds" überschätzt haben: jedenfalls gefällt der Knabe, wissbegierig, vielseitig begabt, zudem von hübscher Gestalt und munterem Wesen, dem neuen Freund des Herzogs außerordentlich. Goethe geht gern in dem gastlichen Haus der Familie ein und aus, parliert liebenswürdig mit der Mutter und wahrscheinlich noch liebenswürdiger mit der schönen Schwester Amalie, genannt „Malchen", die, nach schnell in Umlauf kommenden Gerüchten im ‚Klatschnest' Weimar, den Gast nicht nur wegen ihrer geistigen Qualitäten beeindruckt haben soll. (Diese Amalie wird später ebenfalls - unter dem Pseudonym Amalie Berg - als Schriftstellerin reüssieren, insbesondere mit dem von Sophie von La Roche inspirierten und vom Bruder 1800 herausgegebenen Roman *Luise oder die unseligen Folgen des Leichtsinns. Eine Geschichte einfach und wahr*). Der Knabe August darf in Goethes

Garten Vogelfallen, sogenannte „Sprenkel", aufstellen, das sind Ruten mit aufgespannten Schnüren, in denen sich die Vögel verfangen. Vogelfang galt - bis weit ins 19. Jahrhundert hinein - als eine „Jagd des kleinen Mannes" (da die „richtige" Jagd dem Adel vorbehalten war). Die Folklore um den Vogelfang, ausgelöst insbesondere durch den Papageno der *Zauberflöte,* verdeckt die Tatsache, dass die Beute meistenteils als Speise dienen musste. - Wenn Kotzebue morgens seine Beute einsammelt, kommt Goethe oft aus seinem Gartenhäuschen herunter und unterhält sich leutselig mit dem Jungen. In seiner *Selbstbiographie* beteuert Kotzebue, der „geistreiche Mann" sei ihm gegenüber im Knabenalter „immer sehr gütig" gewesen und die Gespräche mit ihm hätten einen tiefen Eindruck in ihm hinterlassen. Einen kleinen Hinweis auf die von Goethe gepflegte Distanz kann er sich aber nicht verkneifen, denn er glaubt, jener habe diese Gespräche „vermuthlich schon längst vergessen", er aber werde es „nie vergessen".[21] Jedenfalls bleibt nicht aus, dass dieses leutselige Verhalten in dem frühreifen Bewunderer des großen Vorbilds die Hoffnung weckt, auch als Dichter von Goethe anerkannt und, wie zuvor von Musäus, ermuntert zu werden. Als Vierzehnjähriger hat er ein Lustspiel verfasst, *Ende gut, alles gut,* er ist zwar bescheiden genug zu wissen, dass es sich dabei um eine bloße Nachahnung handelt, aber immerhin: Goethe sei so „herablassend oder so höflich [gewesen], sich das Ding zum Durchlesen auszubitten".[22] Mit Herzklopfen händigt er „das Ding" Goethe aus.

Er hört aber nichts mehr davon. Eine erste, nachhaltige Enttäuschung. Hat Goethe das Stück gar nicht gelesen? Oder - und diese Ansicht setzt sich in dem Knaben fest - fand er es derart schlecht, dass er es mit Schweigen überging? August weiß es nicht, traut sich aber auch nicht zu fragen.

Dann ein Ereignis, das ihn stolz und glücklich macht. Der fünfzehnjährige Knabe darf auf die Bühne, und zwar mit Goethe zusammen!

Nach dem Brand des Schlosstheaters hat sich, ohne festen Spielort, unter der Schirmherrschaft der Herzoginmutter Anna Amalia in Weimar ein ‚Liebhabertheater' etabliert, an dem alles, was in Weimar Rang und Namen hat, teilnimmt: die herzogliche Familie nebst Erziehern und Hoffräuleins, in der Residenz weilende Dichter wie Wieland, Musäus und eben Goethe. Es sind komische, teilweise recht drastische Stücke, die hier aufgeführt werden; das alte Fastnachtsspiel wird wiederbelebt, und besonderer Beliebtheit erfreuen sich das Singspiel und das Schäferspiel. Goethe hat einiges dazu beigesteuert, etwa *Die Mitschuldigen* oder *Die Laune des Verliebten*.[23] Eines seiner ersten Stücke für das Liebhabertheater ist der flüchtige, in wenigen Tagen hingeworfene Einakter *Die Geschwister* (1776). Er selbst hat damals diesen Produktionen keinen großen Wert beigemessen, sagte allerdings später, er bereue es, „nicht ein Dutzend ähnlicher Stücke hingeworfen" zu haben (am 15. Dezember 1823 zum Kanzler von Müller).[24] Es ist ein Vier- oder eigentlich ein Dreipersonenstück, denn der Postbote, der gleich zu Beginn einen Brief zu überbringen und lediglich einen einzigen Satz zu sagen hat („Einen beschwerten Brief, zwanzig Ducaten, franco halb"[25]), verschwindet danach wieder. Eben diese kleine Rolle kommt August zu; die titelgebenden Geschwister werden von Goethe selbst und Amalie Kotzebue gespielt. Also: das war nicht viel, aber immerhin: August Kotzebue erscheint im Verzeichnis der DRAMATIS PERSONAE als einer der vier Protagonisten. Der Herzogin gefällt das Stück, sie schenkt den Mitwirkenden, also auch dem wackeren Postboten, Kleider. Dennoch ist August erneut enttäuscht. Er hat nicht nur seine kleine Rolle, sondern auch die der anderen – wie auch zuvor schon im kindlichen Spiel – auswendig gelernt; bei der Aufführung muss er aber feststellen, dass der große Goethe keineswegs textsicher ist. Dieser muss extemporieren, was aber weder ihn noch das Publikum zu stören scheint – und zudem hat er nach Augusts Geschmack allzu deutlich in Richtung der hübschen Schwester, dem Malchen, agiert.

Die Forschung ist sich uneins, ob Goethe in diesem Stück die Zuneigung zu seiner eigenen Schwester Cornelia oder zur Frau von Stein - oder zu beiden - verarbeitet hat; für die Weimarer hingegeben stand fest, dass der Verfasser es auf Augusts schöne Schwester abgesehen hatte. Von einer „Seladonschaft", also einer schwärmerischen Zuneigung[26], ist die Rede: Der erst seit kurzem in Weimar weilende Freund des Herzogs galt ja als wahrer Draufgänger; der Kammerpräsident von Kalb, bei dem Goethe zunächst unterkam, bevor er eine eigene Wohnstätte fand, musste seine damals noch unverheiratete Schwester vor dem „schmucken" Gast „retten", und Goethe habe das „liebliche kleine Stück: *Die Geschwister* [...] der damals reizend aufknospenden Kotzebue [...] zu Gefallen" geschrieben, „worin er sich mit seiner Geliebten selbst kopierte".[27] Nach einer Aufführung in Gotha gibt der Herzog einen Ball, er möchte mit Amalie tanzen, denn auch er hat an der schönen Schwester Gefallen gefunden. Für August bleibt eine Art wohlwollendes Mitleid übrig, er ist ja allenfalls ein Nebendarsteller. Er fängt schon an, den anderen auf die Nerven zu gehen, denn er will von jedem bestätigt bekommen, wie grandios er gespielt habe. Selbst im autobiographischen Rückblick will er sich seine Hybris nicht eingestehen, er schreibt: „Ich fragte alle Menschen, ob ich die Rolle gut gespielt hätte. - Die Undankbaren! sie erinnerten sich des Postillons kaum."[28]

Dass die Beiden gemeinsam auf der Bühne stehen, ist eine ironische Pointe: Das hätte der Beginn einer großen Karriere oder gar einer wunderbaren Freundschaft werden können. Kotzebue ist der Junior, seine Mitwirkung wird später als literaturgeschichtliche Kuriosität verbucht: Eben weil er sich in der Folge einen Namen machte, blickt die Nachwelt mit einer gewissen Rührung auf diese Initiation zurück. Eine *Gleichzeitigkeit* ist gegeben, aber keineswegs eine *Gleichrangigkeit*. Das lässt Goethe seinen jungen Mitspieler von Anfang an spüren.

Rückschläge irritieren Kotzebue, aber sie erschüttern sein

Selbstbewusstsein allenfalls vorübergehend. Er hat in Jena das Studium der Rechte aufgenommen, darin folgt er dem Beispiel seines verstorbenen Vaters - aber auch, vielleicht unbewusst, dem Beispiel Goethes. Und wie dieser verbringt er seine Zeit weniger in den Hörsälen und mit dem Studium juristischer Fachliteratur, sondern mit Beschäftigungen, die ihm näherliegen: mit den schönen Künsten. Er schließt sich dem Jenaer Liebhabertheater an, übernimmt dort kleine Rollen (zu seinem Verdruss trägt man ihm keine Hauptrollen an), schreibt Erzählungen und Lustspiele, die er hoffnungsfroh auf die Post bringt, mit der Aussicht, bald als großer Dichter gefeiert zu werden. Schließlich hat ja auch Goethe neben seinem Jurastudium Großes gedichtet! Die Verlage reagieren jedoch ablehnend, und dann erlebt er mit einem Manuskript, das er Wieland zugeschickt hat, nach eigenen Worten eine „Demüthigung".[29] Er wartet einige Monate vergeblich auf eine Antwort, schlägt begierig in den neu herausgekommenen Nummern von Wielands Zeitschrift *Teutscher Merkur* nach, ob sein *Wintermärchen* veröffentlicht worden ist. Aber Wieland schweigt.

Das ficht ihn jedoch nur kurze Zeit an; sein Glaube an eine dichterische Zukunft ist ungebrochen. Anders ist nicht zu verstehen, dass er die nächste Enttäuschung selbst heraufbeschwört. Er setzt sein Studium in Duisburg fort - dorthin hat seine Schwester geheiratet -, und auch dort spielt er Theater und versucht sich an Gedichten, Romanen, Dramen. Er erlebt weitere Enttäuschungen, so hat er einen Roman geschrieben, der - wie er mit kecker Selbsteinschätzung schreibt - „dem *Werther* in Nichts nachstand, ja, die Geschichte war noch weit schauerlicher"[30], aber auch dieses Werk will niemand veröffentlichen. - Die ökonomischen Verhältnisse seiner Familie zwingen ihn, nach Jena zurückzukehren und seine Studien abzuschließen. Dies tut er zwar, verbringt aber einen Großteil seiner Zeit wiederum mit der Abfassung von Dramen, die er dann tatsächlich auch auf die Jenaer Liebhaberbühne bringen kann.

Dieser Erfolg hat jedoch - neben der Vernachlässigung des eigentlichen Studienzwecks - eine zusätzliche Kehrseite, die für sein gesamtes weiteres Schaffen bestimmend sein wird. Es ist dies sein Hang zur Satire: Das Publikum kann nur solange über seine Spitzen lachen, solange es nicht selbst im Zentrum des Spottes steht. Zu oft aber fühlt es sich kritisiert - und reagiert empfindlich.

Der junge Kandidat der Rechte sieht sich dadurch jedoch eher bestätigt, denn mit Sottisen in aller Munde zu sein erscheint ihm besser als überhaupt nicht beachtet zu werden. Er möchte dann, obwohl er den juristischen Vorlesungen meist fern geblieben ist, sein Studium zu Ende bringen; frohgemut beschließt er, sich von der juristischen Kommission seiner Heimatstadt Weimar examinieren zu lassen. Man werde sein Genie als Dichter zu schätzen wissen und ihm den gewünschten akademischen Grad zuerteilen - so wie man es auch damals einem gewissen Dr. Goethe gegenüber getan habe.

Es wird ihm ein zweifelhafter Erfolg zuteil. Die nachsichtige Kommission macht ihn zum Advokaten, obwohl seine mündliche Examination erhebliche Wissenslücken offenbart. Jetzt glaubt er, dieselbe akademische Stufe erreicht zu haben wie der Dr. iur. Goethe, und er möchte sich als Jurist in Weimar betätigen. Der Minister Goethe denkt aber gar nicht daran, ihm zu einer Stelle zu verhelfen (eine solche, nämlich als Kriegssekretär, war gerade ausgeschrieben, und Kotzebue glaubte, dafür genau der Richtige zu sein), und als gar die Mutter Kotzebue zum Gartenhaus hinaus wandert, um von Goethe - eingedenk alter vertrauter Zeiten - Unterstützung zu erbitten, lässt der Geheimrat sie durch seinen Bediensteten abfertigen. Die Stelle des Kriegssekretärs bekommt Seidel, Goethes Schreiber.

Was in Jena begann und dort schon für Unmut sorgte, nämlich Kotzebues Spottlust, nimmt jetzt immer heftigere Züge an. Er schreibt satirische Pamphlete und Spottverse und nimmt törichterweise Personen des öffentlichen Lebens in Weimar aufs

Korn, ja, er schreckt noch nicht einmal vor dem Fürstenhof zurück. Insgeheim hofft er immer noch auf Goethe, der sich – als unabhängiger Geist – in seiner Jugend ebenfalls allerlei Kühnheiten herausgenommen hatte, die seinem Ruf nicht geschadet hatten, eher im Gegenteil. Doch der Verehrte setzt sich nicht nur nicht für ihn ein, sondern befördert gar ein *Ausweisungsverfahren* gegen ihn. Er ist ihm lästig geworden. Und tatsächlich: August Kotzebue wird aus dem Herzogtum Sachsen-Weimar-Eisenach ausgewiesen. Seine Bemühungen, durch Vermittlung eines mit der Familie befreundeten Grafen in Preußen unterzukommen, scheitern; dann aber erhält er das verlockende Angebot, in den Dienst des Zarenhofes in Sankt Petersburg zu treten.

*

Das Gedankenspiel sei erlaubt, wohin sich Kotzebues Schicksal gewendet hätte, wären ihm diese Enttäuschungen, die untrennbar mit dem Namen Goethe verbunden sind, erspart geblieben. Die Goetheforschung neigt dazu, Kotzebues Selbstverliebtheit, seine Maßlosigkeit, seine mangelnde Fähigkeit, andere zu respektieren, seine hemmungslose Spottsucht zu verurteilen; bei aller Anerkennung der schriftstellerischen Leistungen sind es diese Charaktereigenschaften, die Goethes Missachtung, ja Abneigung, Recht zu geben scheinen. Man mag sich jedoch vor Augen führen, wie herb enttäuscht und ernüchtert der schwärmerische und hochbegabte junge Mann bei den geschilderten Zurücksetzungen gewesen sein muss. Tatsächlich hat er auch mit dem Gedanken gespielt, es dem unglückseligen Werther nachzutun und sich umzubringen. Davor hat ihn aber seine kräftige Natur bewahrt; stets hat er Rückschläge eher als Motivation zum Weitermachen aufgefasst. Und vielleicht ist die These erlaubt, dass Kotzebue aus der Konfrontation mit dem Übermächtigen die Kraft gezogen hat, seinen eigenen Weg zu gehen und sich zu behaupten. In den Wochen der Ungewissheit zwischen jenem Urteil, das ihn des Landes verwies, und der Anstellung am russischen Kaiserhof hat er neben den Demütigungen auch eine Aufmunterung zu spüren bekommen: dass das Weimarer Publikum bei aller Häme, die er verbreitete, gelegentlich durchaus imstande war, sich auf die Seite eines Verfolgten zu schlagen, da es schließlich um die Freiheit eines Dichters ging: die Freiheit, auch unliebsame Dinge sagen zu dürfen. Fünf Jahre zuvor war das Schicksal eines Landesverweises dem Dichter Jakob Michael Reinhold Lenz widerfahren, der, im Vertrauen darauf, sein Jugendfreund Goethe werde sich seiner annehmen, sich in Weimar einfand, aber nicht bleiben durfte. Goethe hat sich wohl seiner geschämt. Und jener war ein Fremder gewesen, Kotzebue jedoch war Weimarer! Sogar ein echter, kein zugereister!

Ein wenig darf Kotzebue sich als Märtyrer fühlen. Sein Selbstbewusstsein ist jedenfalls ungebrochen. Er ist entschlossen, es denen in Weimar schon noch zu zeigen!

Eine Karriere in Russland

Die nächsten zwei Jahrzehnte verbringt Kotzebue vornehmlich im Ausland, aber Weimar verliert er nie aus dem Blick. Der Stachel der Ausweisung sitzt tief.

Dass er seine Heimatstadt verlassen *musste*, erwähnt er in seiner Autobiographie mit keinem Wort, viel lieber spricht er von den Fortschritten und Erfolgen, die er verzeichnen kann. Und auch wenn wir seinen Hang zur Großmannssucht berücksichtigen, ist mit Respekt festzuhalten, dass dem jungen Mann - beim Verlassen Weimars ist er gerade 21 Jahre alt - eine bemerkenswerte Karriere gelungen ist, und dies nicht nur wegen wohlwollender Gönner, sondern aufgrund seines Fleißes und seiner unermüdlichen Produktivität. In diesen zwei Jahrzehnten steigt er zum meistgespielten und -gelesenen und - nicht zu verachten - bestbezahlten Schriftsteller seiner Zeit auf.

Auch als *Verbannter* hat er Förderer, und diese vermitteln ihm eine Stelle, und zwar fernab von Weimar, in St. Petersburg: Die Zarin Katharina sei bemüht, tüchtige Deutsche in russische Dienste zu verpflichten. Kotzebue wird Sekretär bei der Wasserleitung. (Er wird damit - Ironie der Geschichte - Nachfolger des seinerzeit ebenfalls aus Weimar vertriebenen Jakob Michael Reinhold Lenz.) Natürlich ist dem ehrgeizigen jungen Mann dies nicht genug; er strebt nach Höherem, und insbesondere sehnt er sich nach Theaterluft. Ein General, der sich seiner annimmt, verschafft ihm den Zugang zum Petersburger (deutschsprachigen) Hoftheater, und bald schon übernimmt er dessen Aufgaben: Somit wird er, wie er begeistert nach Weimar meldet (in der Hoffnung, man möge dies anerkennend vermerken), quasi Theaterdirektor. Und jener General verfügt kurze Zeit später auf seinem Totenbett, dass er das Schicksal des hoffnungsvollen jungen Mannes in die Hände der Kaiserin lege. Kotzebue scheint am Ziel: Die Monarchin empfängt ihn huldvoll.

Auf eine Beförderung muss er allerdings noch eine Weile

warten. Dann erreicht ihn die Nachricht, dass er zum Assessor am Oberappellationsgericht ernannt wird – jedoch nicht in der Metropole St. Petersburg, sondern in der Provinz: in Reval, der Hauptstadt Estlands. Dies empfindet er zunächst als eine Art Verbannung, auch wenn er sich „Titularrat" im Range eines Hauptmanns nennen darf. Bald findet er sich jedoch in der estnischen Gesellschaft zurecht. Er bedauert zwar die krasse soziale Ungerechtigkeit: Von den 8000 Einwohnern Revals sind ca. 3000 Deutsche, sie, die *Estländer*, bilden die Oberschicht; die ‚Eingeborenen' sind die – weitgehend rechtlosen – *Esten*. Als Befehlsempfänger kann er aber an diesen Missständen nichts ändern.

Im Hause des Oberkommandanten der Festung Reval lernt er dessen Tochter Friederike kennen, in die er sich verliebt. Einer Heirat steht allerdings zunächst sein niederer Rang im Wege – ein Umstand, den er beklagt, hat er doch schon in Weimar darunter gelitten, dass es Leute gab (vor allem einen), die, versehen mit einem Adelsprädikat, auf ihn herabblickten. Aber schließlich gibt der strenge Kommandant nach, und August kann seine Friederike heiraten. Im Mai 1785 wird sein Sohn Wilhelm geboren, das erste von vier Kindern. Und wenig später erwirkt der Schwiegervater für den Mann seiner Tochter den Titel eines „Präsidenten des Gouvernementsmagistrats", mit dem die Erhebung in den persönlichen Adel verbunden ist. Jetzt endlich darf er, August *von* Kotzebue, sich Männern wie dem Geheimen Rat Goethe gleichrangig empfinden; er lässt sich fortan „Herr Präsident" nennen.

Seine Theaterambitionen treiben ihn weiter an, auch Reval muss ein Liebhabertheater bekommen! Dies gelingt ihm schließlich auch, und er selbst liefert einen Großteil der Stücke dazu. Seine Position in Reval ist gefestigt. Er schreibt unentwegt; ein mehrbändiger Roman gehört zu seinen Erzeugnissen, und vor allem das Theaterstück, das seinen Ruhm befestigen wird: *Menschenhass und Reue*. In weniger als vier Wochen – das

Fjodor Rokotow: Porträt von Katharina der Großen. 1770

ist für ihn fast schon ungewöhnlich lang - stellt er das Manuskript fertig. Und noch während der Einstudierung arbeitet er bereits an dem nächsten Stück, das nicht minder erfolgreich sein wird: *Die Indianer in England*. Diese beiden Stücke sind es wert, näher betrachtet zu werden. Es geht darum, dem Geheimnis der Publikumswirksamkeit auf die Spur zu kommen.

Ein Menschenhasser und eine Reumütige

Kleine Geister jammern über mißlungene Pläne; ein Mann erstickt in edler Tätigkeit den Kleinmut, der ihn zu Boden drücken will.
Kotzebue: *Menschenhass und Reue* V, 3

Menschenhass und Reue wird bald nach seiner Uraufführung auch am Königlichen Nationaltheater in Berlin aufgeführt, und Zeitgenossen berichten, die gesamte feine Gesellschaft Berlins sei beinahe in einer Tränenflut ertrunken. Das Drama - man wird es später in der Literaturwissenschaft der Gattung des „Rührstücks" zuordnen - trifft den Zeitgeschmack, obwohl (oder gerade weil) es von vielen Kritikern wegen der Thematisierung des Ehebruchs als amoralisch verurteilt wurde.

Der Titel des Stücks deutet die zugrundeliegende Konfliktsituation an: Der ‚Menschenhasser' ist ein betrogener Ehemann, ‚Reue' empfindet die untreue Ehefrau, die schon bald, nachdem sie ihren Mann und ihre Kinder verlassen hat, feststellen muss, dass sie einem gewissenlosen Verführer aufgesessen ist. Es verbinden sich somit zwei in der Literatur häufig verwendete Topoi: der des Misanthropen und der des Ehebruchs. Kotzebue schwimmt wie so oft in vertrauten Gewässern. Dennoch ist seine Gestaltung nicht ohne originelle Einfälle. Er nutzt vertraute Motive, stellt sie aber in neue Kontexte.

Es geht ihm nicht darum, in der Nachfolge Molières, Menschenhass als eine Charaktereigenschaft zu zeigen, von der der Protagonist ‚geheilt' wird, sei es mithilfe wohlmeinender Mitmenschen, sei es aufgrund von Verwechslungen und Missverständnissen. Freilich, Missverständnisse gehören bei dem lustspielerprobten Kotzebue dazu, um die Handlung voranzutreiben. Ebenso wenig fehlt es an leicht durchschaubaren Zufällen, die keinen Zweifel am letztlich versöhnlichen Ausgang zulassen. Und auch die komischen Elemente kommen nicht zu kurz - bei aller Rührung muss der Zuschauer auch etwas zu lachen haben.

In Schillers dramentheoretischen Schriften ist ‚Rührung' einer der wichtigsten Affekte, die beim Zuschauer durch das Leid einer moralisch hochstehenden Person hervorgerufen werden. Schiller denkt dabei allerdings in erster Linie an tragische Konflikte; das ‚Tragische' wird bei Kotzebue hingegen stets verwässert, der Zuschauer wird nicht infolge der Wucht eines unerbittlichen Schicksals erschüttert, eher wird sein Bedürfnis nach einer harmonischen Lösung befriedigt. Die Schillersche *Rührung* wird bei Kotzebue zur *Rührseligkeit*. So abfällig dies klingen mag: Es ist der Schlüssel zu seinem Erfolg, der Auslöser jener Tränenströme.

Worum geht es? Baron Meinau, der von seiner jungen Frau verlassene Edelmann, hält sich unerkannt als melancholischer Sonderling in der Nähe eines Schlosses auf, in dem eben jene Frau, die den Fehltritt bitter bereut, als Hausdame „Eulalia Müller" aufgenommen worden ist. Beide wissen aber nichts von dem Aufenthaltsort des anderen. Auch Eulalia umgibt eine Aura der Trauer; in dem zur Grafschaft gehörigen Dorf wird sie aufgrund ihrer Wohltaten und Hilfen für die Armen verehrt. Der Bruder der Gräfin kommt zu Besuch und verliebt sich in die schöne stille Hausdame, er bittet seine Schwester, Eulalia seine Heiratsabsichten zu übermitteln. Diese lüftet angesichts dieses Angebots unter Tränen ihr Geheimnis – als Begründung ihrer Ablehnung. Zur gleichen Zeit kommt ein Diener mit der Nachricht, der Graf sei beinahe im Schlossteich ertrunken, wenn ihn nicht ein Unbekannter – niemand anders als Meinau – gerettet hätte. Man möchte eben diesen geheimnisvollen Retter auf das Schloss einladen, um ihm zu danken, als Bote wird der Bruder der Gräfin geschickt. Dieser erkennt in Meinau seinen alten Kriegsgefährten und ehemals besten Freund wieder. Er lädt Meinau auf das Schloss ein; dieser willigt unter der Bedingung ein, dass er tags darauf das Land verlassen werde und nicht zurückgehalten werden könne. – Im Schloss kommt es dann zum Zusammentreffen der beiden Eheleute, die zuvor jeder für sich mehrfach beteuert hatten, den anderen immer noch zu lieben; Eulalia fällt beim Anblick ihres Mannes in Ohnmacht. Beide überbieten sich dann, im Schlussakt, in ihrem Edelmut: Eulalia weiß, dass sie keinen Anspruch auf Verzeihung hat und bittet lediglich darum, ihre Kinder ein letztes Mal sehen zu dürfen; er verspricht ihr ein Legat, damit sie nicht weiter als Hausdame arbeiten muss. Eine Versöhnung scheint dennoch ausgeschlossen, die Verwundungen sind zu tief. Der Kriegskamerad, der - ebenfalls voller Edelmut - darauf verzichtet hat, weiter um Eulalia zu werben, hat jedoch inzwischen dafür gesorgt, dass die Kinder herbeigeschafft werden; als diese auf der Szene erscheinen und laut „Lieber Vater!" und „Liebe Mutter!" rufen, fallen sich die beiden Eheleute versöhnt in die Arme.

Kotzebue arbeitet mit einem klar umrissenen Personal. Bei den Dienstboten gibt es die üblichen Typisierungen: der etwas tölpelhafte Bedienstete, die schnippische Kammerjungfer usw., Personen, die oft ihr Herz auf der Zunge tragen. Bei der Zeichnung der Schlossbewohner finden sich aber auch moderne Ansätze zur Sozialkritik. So ist der Bruder der Gräfin durchaus bereit, unter seinem Stand zu heiraten: Seiner Schwester, die „die großen erhabenen Grundsätze von Gleichheit aller Stände" allenfalls für „Romane" gelten lässt, hält er entgegen, Liebe kehre sich nicht an Standesgrenzen, und er bevorzuge „häusliche Ruhe und Zufriedenheit" gegenüber „Glanz des Hofes", „Glück des Lebens" gegenüber „eitle[r] Konvenienz" (III, 5).[31] Und auch die im 18. Jahrhundert beliebte Lobpreisung des ländlichen Lebens mit seinen glücklichen Bewohnern findet sich hier; Gegensatz ist das „ewige ekelhafte Einerlei" des Hofes.[32] Dagegen behauptet ausgerechnet die Kammerzofe, sie sei „nicht für das Landleben geschaffen", sie sei „in der großen Welt erzogen" (IV, 5)[33]. Der verbitterte Meinau will sich jedenfalls nicht mehr unter die „Affengesichter"[34], das „Hofgeschmeiß" (III, 4)[35], mischen; eher kann er sich ein Leben unter den „Hottentotten" vorstellen. (Hier klingt bereits das Motiv der im Einklang mit der Natur lebenden „Wilden“ an, das Kotzebue noch des Öfteren behandeln wird).

Kotzebues mutige Behandlung des Ehebruch-Themas hat bei den Zeitgenossen sowohl Empörung als auch Verständnis hervorgerufen. Einer Ehebrecherin wird verziehen! Eulalia zeigt aber nicht nur aufrichtige Reue, ihr guter Charakter erweist sich auch in ihren karitativen Tätigkeiten, so dass der Zuschauer ohnehin geneigt ist, ihr zu verzeihen - und damit starre moralische Fronten als obsolet zu betrachten. Hinzu kommt, dass die Ehebrecherin selbst eine nachvollziehbare Begründung für ihren Fehltritt gibt: ihre kindliche Naivität - sie ist, als sie Meinau heiratet, gerade einmal fünfzehn Jahre alt. Da ihr Mann nicht mehr „tändelte“ und ihr nicht mehr jeden Wunsch („Equipagen, Livreen und Schmuck“) erfüllt hat, ist sie auf die Einflüsterungen „des Verführers Schlangenzunge“ (III, 7)[36] hereingefallen. - Den Kritikern, die späterhin immer wieder den moralischen Zeigefinger heben (einer meint sogar, das Stück muntere geradezu zum Ehebruch auf), hat Kotzebue eine bemerkenswerte Behauptung entgegengesetzt. Die Einwände bezeichnet er als heuchlerisch. Sein Stück habe eine ganze Reihe von Frauen - ihm allein seien drei Beispiele bekannt - von einem Ehebruch abgehalten und auf den „Pfad der Tugend“ zurückgeführt.[37] Derartiges könne der große Goethe nicht sagen, dessen Schauspiel *Stella,* zumindest in der ursprünglichen Fassung von 1775, sich sogar offen zur Polygamie bekennt. (Wegen dieses Stückes, das 1806 in einer zweiten Fassung - mit tragischem Ausgang - in Weimar zur Aufführung kommt, wird es noch eine Auseinandersetzung mit Kotzebue geben.)

Der ungeheure Erfolg von *Menschenhass und Reue* zeigt sich auch darin, dass es Nachahmungen und Fortsetzungen gibt, aber auch Parodien, etwa 1806 *Eitelkeit dein Name ist Poet oder das travestierte Menschenhass und Reue, eine Posse zur Verdauung* usw.[38] Spott und missliebige Kommentare haben den Ruhm des Stückes und seines Autors eher befördert als beeinträchtigt.

Indianer in England

Ganz anders, aber nicht minder erfolgreich ist seine Komödie *Die Indianer in England.* Die Uraufführung erfolgt ebenfalls auf dem Liebhabertheater zu Reval (im Februar 1789), die Buchfassung erscheint 1790 in Leipzig. Kotzebue übt hier deutliche Gesellschaftskritik, verpackt diese jedoch in eine liebenswürdige und somit erheiternde Handlung.

Mit den „Indianern" sind nicht die nordamerikanischen Ureinwohner gemeint, sondern Inder. Ein Nabob, also ein wohlhabender Großgrundbesitzer aus der indischen Provinz Mysore, kann sich nach einem Aufstand, bei dem zahlreiche Mitglieder seiner Familie ums Leben kamen, mit seiner Tochter Gurli nach England retten, besitzt aber (was sich jedoch erst später herausstellt) noch genügend Diamanten, um auch in seinem Gastland als reicher Mann zu gelten und später ein Landgut zu kaufen. Er wohnt zu Beginn der Handlung zur Miete im Hause eines an Podagra leidenden, aber gutmütigen Engländers, der vormals ein reicher Kaufmann war und der mit einer eingebildeten Deutschen von adliger Geburt, die sich in gestelzten französischen Redewendungen ergeht, verheiratet ist. Dies gibt dem Autor reichlich Gelegenheit, sich sowohl über die Beurteilung der Standesunterschiede als auch über den Hochmut gegenüber den Fremden satirisch auszulassen – dies ist umso bemerkenswerter, als dem deutschen Publikum die Karikatur eines „Fräuleins von Geburt" vorgeführt wird und zugleich Sympathien für die Flüchtlinge geweckt werden. Die Deutsche äußert sich über Gurli, bevor sie deren Verhältnisse kennt: „Ein Mädchen ohne Geburt; eine Indianerin und folglich eine Heidin; ein naseweises, wetterwendisches Ding, dessen Vater ein trockener ehrbarer Affe ist, den niemand kennt, und der vermuthlich nicht einen Schilling im Vermögen hat". Darauf der Sohn Samuel: „Was die Geburt betrifft, gnädige Mama, so wissen Sie wohl, daß man bey uns in England nicht darauf zu sehen pflegt."[39]

Auch der verarmte bürgerliche Kaufmann zeigt – im Gegensatz zu seiner Frau, für die „Geburt und Geld [...] die Achsen [sind], um die sich die ganze moralische Welt dreht“[40] – Verständnis für die wahren menschlichen Werte. Die interessanteste Figur ist sicherlich Gurli, eben jenes „naseweise Ding“, ein Naturkind mit sonnigem, unverfälschtem Gemüt, das alles wörtlich nimmt und nichts von Lug und Trug weiß. „Sie verletzt unsere Sitten und Herkommen, aber nur, weil sie es nicht kennt, und immer, um einen edlen Trieb, um heftige, aber untadelhafte Gefühle zu befriedigen. Sie macht lachen, ohne lächerlich zu werden“, schreibt ein Rezensent 1791 in der Allgemeinen Deutschen Bibliothek[41], und sie ist damit das Gegenbild zu einer Frauenfigur, die im Fortschreiten der Zivilisation ihre Ursprünglichkeit verloren hat.

Als literarische Figur repräsentiert Gurli ein im 18. Jahrhundert beliebtes kulturphilosophisches Motiv in der Nachfolge Rousseaus, das des „edlen Wilden“: Niederschlag findet das Motiv etwa in Voltaires kleinem Roman *L'Ingénu* (1767), den Kotzebue gekannt hat, in Wielands heiter-philosophischen Rousseau-Schriften *Beyträge zur geheimen Geschichte der Menschheit* (1770), nach Kotzebue auch in August Lafontaines Roman *Der Naturmensch oder Natur und Liebe* (1792) oder in Chateaubriands Novellen *Atala* und *René* (1801) – bis hin, im 19. Jahrhundert, zur romantischen Verklärung des „Wilden“ bei James F. Coopers *Lederstrumpf*-Romanen und Karl Mays trivialen, aber ungeheuer erfolgreichen *Winnetou*-Erzählungen. Zivilisationskritischer Rousseauismus und literarische Verarbeitung finden in Achim von Arnims Novelle *Die Ehenschmiede* (1803) zusammen: Dort tritt eine indische Prinzessin mit Namen Gurli auf, die einen Deutschen heiraten will.[42]

Kotzebues Stück ist sowohl inhaltlich als auch formal durchaus vielschichtig: Es mischen sich sozialkritische mit kulturphilosophischen Intentionen, aber natürlich dürfen die üblichen Liebesverwicklungen nicht fehlen, das will das Publikum se-

„Nun wird Gurli wieder lachen" (Illustration zu August von Kotzebue: „Die Indianer in England", III. Aufzug, 9. Auftritt), 1790

hen. Und ebenso natürlich siegt die Liebesbeziehung über die Ständeordnung, wobei sich Kotzebue sogar den Scherz erlaubt, den Fremden, der zuvor noch als „Affe“ bezeichnet worden war, zum Retter der verarmten englischen Familie zu machen. Und Gurli ist in all ihrer Einfältigkeit auch noch, aufgrund des Reichtums ihres Vaters, eine gute Partie.– Die stringente Handlungsführung, die sicher gesetzten Pointen, die eingestreuten Überraschungseffekte (die dennoch vorhersehbar sind) sowie die den Charakteren zugeordneten Sprechweisen (Gurli spricht von sich selbst in der dritten Person, wie es Kinder tun, und die Seeleute benutzen für alle Lebensumstände Begriffe aus der Seefahrt) machen das Stück zu einer unterhaltsamen Komödie. Es wurde bald nach der Uraufführung in Reval auf allen bedeutenden Bühnen Deutschlands und Österreichs (Berlin, Hamburg, Mannheim, Dresden, Wien, 1790 auch in Weimar) dargeboten und 1799 sogar ins Repertoire des Park Theaters in New York aufgenommen. Es fehlt nicht an Lob, so soll der preußische König nach einem Besuch des Stückes ausgerufen haben: „Der Kotzebue hat viel Genie!“.[43] Aber auch Kritiker melden sich zu Wort; bekannt geworden ist insbesondere der Verriss des Freiherrn von Knigge; für diesen ist Gurli eine „alberne Gans“, die Zeichnung eines derartigen Charakters sei lediglich ein „Hirngespinst“.[44] Knigges Ablehnung hat allerdings einen persönlichen Hintergrund, sie stellt eine Art Revanche dar. Davon gleich mehr.

Ein übles Pasquill

Die Publikumserfolge könnten Kotzebue glücklich machen, er ist es aber nicht. Er leidet unter Depressionen, fürchtet geisteskrank zu werden, bevor er zu wahrer Größe gelangt ist, weint oft ohne ersichtlichen Anlass. Die Ärzte raten zu einer Kur; die Zarin gewährt sie großzügig. Er reist nach Bad Pyrmont.

Schon ein paar Jahre zuvor hat er bei einem kurzen Abstecher nach Deutschland einen Günstling der Zarin kennengelernt, Johann Georg Zimmermann, der sich nach der Adelung durch Katharina stolz „Ritter von Zimmermann" nennt. Durch allerlei gelehrte Schriften, insbesondere zur Arzneikunst, hat dieser gebürtige Schweizer es nicht nur zu Ansehen gebracht, er wurde sogar zum Leibarzt des englischen Königs in Hannover ernannt. Eine solche Karriere beeindruckt Kotzebue, fühlt er sich doch mit diesem Ritter seelenverwandt. Ritter und Präsident, das passt. Zimmermann hat zahlreiche Neider und Kritiker gegen sich, denn der Verehrte ist, genauso wie August selbst, sehr von sich eingenommen. – Bei seinem jetzigen Deutschlandaufenthalt soll Zimmermann die ärztliche Aufsicht über den Patienten Kotzebue übernehmen, dessen *Menschenhass und Reue* dem berühmten Mediziner sehr gefallen hat, er preist es als eine der wertvollsten Schöpfungen der deutschen Literatur.[45] Doch August erlebt eine unangenehme Überraschung, denn Zimmermann ist inzwischen in Ungnade gefallen: Er war an den Hof Friedrichs des Großen berufen worden, um den Preußenkönig zu behandeln, hat diese ehrenvolle Aufgabe aber als sein geradezu überirdisches Verdienst herausgestrichen, wohingegen der König selbst allerdings verlauten ließ, der vor Selbstlob strotzende Arzt habe ihm nicht im Geringsten helfen können. Die folgende Welle des Spottes, die insbesondere von den Berliner Aufklärern wie Nicolai, Campe und Lichtenberg über ihm zusammenschwappte, hat der eitle Zimmermann jedoch als Häme seiner Neider interpretiert, ging seinerseits zum

Gegenangriff über und beschimpfte die Spötter als „Aufklärungsdragoner“, „Volksverführer“ und „Narren“. - Kotzebue fühlt sich mit Zimmermann solidarisch, und als gar in Pyrmont eine Schmähschrift eines gewissen Karl Friedrich Bahrdt kursiert, greift er ebenfalls mit einer Schrift ein. Dieser Bahrdt, ein aufrechter, gegen Fürstenwillkür und Einschränkungen der Religionsfreiheit, aber auch gegen Blender wie Zimmermann ankämpfender Theologe, befindet sich derzeit auf Geheiß Friedrich Wilhelms II. in Haft - für Kotzebue ist dies Beweis genug, dass der Gegner im Unrecht ist. Also verfasst er ein ‚Pasquill‘ mit dem geschraubten Titel: *Doctor Bahrdt mit der eisernen Stirn oder die Deutsche Union gegen Zimmermann, geschrieben zu Bremen am Tage des Erzengels Michael.* Diese Schrift gereicht ihm wahrlich nicht zur Ehre, es handelt sich, man muss es so sagen, um ein übles Pamphlet. Sämtliche Berliner Aufklärer werden in teils unflätiger Weise verspottet - alle versinken am Ende in Zimmermanns Abtritt und dieser kann auf sie sch.....en. Er lässt die Schrift auf eigene Kosten drucken, gibt aber als Verfasser den „Erzschalk Knigge“ an. Das Machwerk wäre wohl wenig beachtet worden, hätte Kotzebue nicht unerhörter Weise den Namen des allerorts verehrten Freiherrn Adolph von Knigge ins Spiel gebracht: Niemand glaubt zwar, dass dieser tatsächlich der Urheber ist, es dauert aber recht lange, bis man Kotzebue als Verfasser identifizieren kann. (Später wird sich Knigge, wie oben erwähnt, mit seiner Kritik an den *Indianern in England* an Kotzebue rächen.) Dass man Kotzebue zunächst nicht als Verfasser des Pasquills identifiziert, ist jedenfalls sein Glück, denn als er, einigermaßen gesundheitlich wiederhergestellt, von Pyrmont nach Weimar geht, wo seine Frau das vierte Kind erwartet, weiß noch niemand von seinem schändlichen Tun.

In seiner Geburtsstadt wird er, der „Präsident“, zu seiner Genugtuung mit Hochachtung empfangen, auch der Literaturbetrieb akzeptiert ihn und nennt ihn sogar ein „Genie“. Einen Wermutstropfen gibt es: der Geheime Rat Goethe weilt just in

Doctor Bahrdt

mit

der eisernen Stirn,

oder

Die deutsche Union

gegen Zimmermann.

Ein Schauspiel in vier Aufzügen,

von

(Freyherrn von Knigge.)

Kotzebue

Vis unita fortior.

1791.

dieser Zeit nicht in Weimar, er ist mit seinem Herzog in kriegerischer Mission unterwegs. Kotzebue ist sich sicher, auch Goethe hätte ein anerkennendes Wort für ihn gefunden.

Seine Frau, die ein gesundes Mädchen zur Welt gebracht hat, erkrankt noch im Kindsbett lebensgefährlich und stirbt wenig später. Kotzebue wartet ihren Tod nicht ab und reist nach Paris (er spricht selbst von einer „Flucht"), später nach Mainz; dort entsteht sein Stück *Der weibliche Jacobinerclub*. Über Leipzig und Berlin kehrt er im Herbst 1791 wieder nach Russland zurück. Unermüdlich schreibt er weiter; ein Theaterstück entsteht nach dem anderen. Sie mehren zwar seinen Ruhm, aber auch die kritischen und teilweise spöttischen Stimmen werden lauter, zumal man ihn inzwischen als Verfasser jener Schmähschrift identifiziert hat. Auf solche Angriffe reagiert er stets mit Gegenattacken, so veröffentlicht er 1793 eine Flugschrift *An das Publikum*, in der er versucht, sich wegen des Skandals um den *Doctor Bahrdt* reinzuwaschen. Dies gelingt ihm jedoch nur bedingt, in Russland sieht er sich sogar wegen dieses Pamphlets einer gerichtlichen Verfolgung ausgesetzt: Nur durch ein Eingreifen der Kaiserin kann eine Verurteilung abgewendet werden, was die Gegner natürlich nicht daran hindert, über ihn zu lästern.

Trotz seines ramponierten Rufes bleibt ihm der Erfolg auf den Bühnen treu. Seine Stücke werden nicht nur in Deutschland, sondern auch in verschiedenen europäischen Ländern und sogar in den Vereinigten Staaten, in New York, aufgeführt. In Weimar - unter der Intendanz Goethes - ist er der mit Abstand meistgespielte Autor. Auch was seine persönliche Situation betrifft, kommt er voran. Er heiratet ein zweites Mal und kann jetzt seine Kinder, die er in Weimar bei seiner Mutter und im Sachsen-Weimarischen Schnepfenthal (in der dortigen Salzmannschule) untergebracht hatte, nach Russland holen. Ihm werden zahlreiche Ehren zuteil; der polnische König besucht ihn, und - nach einer Begegnung mit Maria Theresia - erhält er eine Einladung nach Wien. Er soll dort das Amt eines „Hoftheatersekretärs" bekleiden. Am 30. Januar 1798 kommt er nach Wien, und schon am nächsten Tag wird er vom Kaiser empfangen. Mit Feuereifer macht er sich daran, das Wiener Hoftheater seinen Vorstellungen anzupassen.

Wie so oft in seiner Karriere ist ihm aber auch hier nur ein Teilerfolg vergönnt. Seine Reformbemühungen scheitern am Widerstand der Schauspieler; auch der Umstand, dass er unentwegt seine eigenen Stücke aufführt, bringt die Akteure gegen ihn, den in ihren Augen aufgeblasenen Fremdling, auf. Er genießt zwar nach wie vor das Wohlwollen des Kaisers, bittet aber schon nach kaum einem Jahr um seinen Abschied vom Burgtheater. Dieser wird ihm zu äußerst vorteilhaften Bedingungen gewährt: Er wird vom Kaiser zum „Hoftheater-Dichter" auf Lebenszeit ernannt, damit verbunden sind Vergünstigungen wie die Zahlung eines großzügigen jährlichen Gehalts, die Erlaubnis, seinen Wohnort in Deutschland frei wählen zu können sowie die Zusicherung, dass die Stücke, die er in Wien einreicht, dort auch aufgeführt werden.

Freie Wahl des Wohnorts! Finanzielle Unabhängigkeit! Kotzebue kauft ein Grundstück mit Gartenhaus in Jena. Er kehrt, acht Jahre nach seinem Kurzbesuch, nach Weimar zurück.

Goethe mit Schiller, und beide gegen alle

In Weimar trifft Kotzebue also wieder auf Goethe. Dieser hat das Treiben des emsigen Theaterdichters mit zurückhaltendem Interesse verfolgt. Dass er so viele Stücke Kotzebues in Weimar aufführen ließ - viele davon als Uraufführung -, geht keineswegs mit einer steigenden Wertschätzung einher, wenngleich er sich gelegentlich eingesteht, bei einigen Stücken seinen Spaß gehabt zu haben. Er weiß, was das Publikum sehen will und fügt sich; über den Bildungsstand der Theaterbesucher äußert er sich jedoch eher resignativ. Ambitionen eines Mannes wie Kotzebue, sich auf derselben geistigen Ebene befinden zu wollen wie er selbst, kann er nur als anmaßend empfinden und reagiert gereizt. An Reichardt schreibt er am 28.2.1790, „von Kunst hat unser Publikum keinen Begriff, und so lang solche Stücke allgemeinen Beyfall finden", könne ein Direktor nicht umhin, sie auf die Bühne zu bringen, zumal ihm auch nur „mittelmäßige" Schauspieler zur Verfügung stünden. Und er fährt fort:

> Die Deutschen sind im Durchschnitt rechtliche, biedere Menschen, aber von Originalität, Erfindung, Charackter, Einheit, und Ausführung eines Kunstwercks haben sie nicht den mindesten Begriff. Das heißt mit Einem Worte sie haben keinen Geschmack. Versteht sich auch im Durchschnitt. Den rohren Theil hat man durch Abwechslung und Übertreiben, den gebildetern durch eine Art Honettetät [Rechtschaffenheit] zum Besten. Ritter, Räuber, Wohlthätige, Danckbare, ein redlicher biederer Tiers Etat [das Bürgertum in der dreigliedrigen Ständeordnung] und ein infamer Adel pp. und durchaus eine wohlsoutenierte [aufrechterhaltene] Mittelmäßigkeit, aus der man nur allenfalls abwärts ins Platte, aufwärts in den Unsinn einige Schritte wagt, das sind nun schon zehen Jahre die Ingredienzien und der Charackter unsrer Romane und Schauspiele.[46]

Er fällt das ungnädige Urteil also nicht nur im Hinblick auf das Publikum, sondern gleichermaßen auch auf die Schauspieler sowie auf die Autoren selbst. Sein Missmut ist umso ausgeprägter, als seine eigenen dichterischen Produktionen kaum reüssieren. Die einstigen Publikumserfolge *Werther* und *Götz von Berlichingen* haben zwar seinen Ruhm etabliert, aber die späteren Werke wie die *Iphigenie* finden, falls überhaupt, lediglich höflichen Beifall, und seinen *Tasso* will Goethe seinen Landsleuten erst gar nicht zumuten. Also bringt er Trivialstücke auf die Bühne. Bei den Romanen verhält es sich nicht anders. Abenteuer- und Räubergeschichten dominieren; Ende des Jahrhunderts wird ausgerechnet Christian August Vulpius, der Bruder seiner Gefährtin Christiane, mit *Rinaldo Rinaldini, der Räuberhauptmann* den größten literarischen Erfolg jener Zeit landen. Demgegenüber verkauft sich die gerade bei Göschen veröffentliche Werkausgabe Goethes nur schleppend; der Verleger schreibt ihm 1791, seine „Sachen [seien] nicht so kurrent als andere[,] an denen ein größer Publikum Geschmack [fände]".[47]

Goethe in den 90er Jahren also: umzingelt von Trivialität, und dies mag sich nicht unerheblich auf die Annäherung an Schiller ausgewirkt haben. Diesen hat er ja zunächst auch auf Distanz gehalten, und bei seiner brieflichen Äußerung gegenüber Reichardt, in der er von „Rittern und Räubern" spricht, wird man seine Abneigung nachvollziehen können: Über das Frühwerk Schillers hat er sich einige Male abfällig geäußert. Erst jetzt sieht er in Schiller einen kongenialen Geist, und dieser gibt sich alle Mühe, Goethes neugewonnenes Urteil zu rechtfertigen. Für die von ihm auf Anregung des Verlegers Cotta 1795 gegründete Zeitschrift *Die Horen* wird Goethe - neben Fichte und Humboldt - der eifrigste Autor. Diese Zeitschrift sollte das intellektuelle Hauptorgan der Kulturnation Deutschland werden, hat dieses Ziel aber nie erreicht und musste bereits 1797 wieder eingestellt werden. Für Goethe ist dies ein weiterer Beleg für die „Geschmacklosigkeit" der Zeitgenossen, deren Affinität zu den dargebrachten philosophischen und literarischen Themen er offensichtlich überschätzt hat. So finden weder Schillers

Briefe über die ästhetische Erziehung des Menschen noch Goethes *Unterhaltungen deutscher Ausgewanderten* mit dem rätselhaften und symbolisch überladenen „Märchen" Anklang: Die *Briefe* werden als zu schwierig und die *Unterhaltungen* als zu langweilig empfunden.[48] Auf große Resonanz, wenn auch nicht auf ungeteilte Zustimmung, stoßen dann Goethes „Erotica Romana" (die später unter dem Titel „Römische Elegien" veröffentlicht wurden), deren „bordellmäßige Nacktheit" (so die Frau von Stein) das offizielle Weimar belustigt oder empört. Selbst dem Herzog, sonst bekanntermaßen kein Kostverächter, geht die Freizügigkeit zu weit. Schiller selbst verteidigt dagegen die „ursprüngliche Einfalt" der „Erotica", kann sich aber wenig Gehör verschaffen, auch wenn die Frühromantiker, etwa August Wilhelm Schlegel, ihm beipflichten.[49] – Den *Horen* hilft diese teilweise heftige Auseinandersetzung nicht, sie werden, wie gesagt, bald eingestellt.

Angesichts dieser betrüblichen Situation hat Goethe eine Idee: Nach dem Vorbild des römischen Dichters Martial (1. Jh.) will er „Xenien" („Gastgeschenke") verteilen, allerdings solche, die es in sich haben. Er schlägt in der Nachfolge jenes römischen Schriftstellers seinem Gesinnungsgenossen Schiller vor, in Form von Distichen – also antiken Verspaaren, bestehend aus je einem Hexameter und einem Pentameter – sich mit den Gegnern, insbesondere den *Horen*-Kritikern, sowie mit den trivialen Journalen, die den Markt beherrschen, satirisch auseinanderzusetzen. Schiller ist begeistert. In rascher Folge entstehen über 900 polemische Distichen; es ist ein wahres Gemeinschaftswerk, so dass nicht immer geklärt werden kann, wer der jeweilige Verfasser ist. Schiller hat ungefähr die Hälfte dieser bissigen „Gastgeschenke" in das *Musenalmanach auf das Jahr 1797* aufgenommen, mehrheitlich jene, in denen die Beiden sich über ihre „trivialen und eselhaften Gegner", die mit Unverständnis oder sogar Spott auf die Beiträge beider in den *Horen* reagiert hatten, hinwegsetzen, aber auch die Machwerke der gesamten gegenwärtigen Literatur werden mit überlegener Verachtung bedacht. Andere Xenien, die auf eher Grundsätzliches zielen, kommen vorerst nicht zur Veröffentlichung.

„Keine Unternehmung Goethes und Schillers manifestiert deutlicher die Kluft, welche ihre Bestrebungen vom bürgerlichen Geschmack und literarischen Betrieb ihrer Zeit trennt“, heißt es in einer monumentalen Darstellung der Weimarer Klassik.[50] Gegenwärtige Autoren werden als „Schwätzer und Schmierer“[51] diffamiert: Zwar könne man ihnen nicht das Handwerk legen, doch wird ihnen angedroht: „ruhig“ dürften sie „es künftig nicht mehr weiter [treiben]“. „Gewissen Collegen“ wird angeraten, „schlechten Autoren“ nicht weiterhin zu schmeicheln.[52] Sie werden zum „offenen Krieg“ („Guerre ouverte“)[53] herausgefordert. Scharf werden die „Philister“, also die Spießbürger, gerügt[54] oder lächerlich gemacht;[55] so heißt es im „Almanach als Bienenkorb“: „Lieblichen Honig geb‘ er dem Freund, doch nähert sich täppisch / Der Philister, ums Ohr saus‘ ihm der stechende Schwarm!“[56]. Es finden sich Abrechnungen mit den Rezensenten: „Sehet, wie artig der Frosch nicht hüpft! doch find ich die hintern / Füße um Vieles zu lang, so wie die vordern zu kurz“.[57] Und es gibt namentliche Auseinandersetzungen und Invektiven: mit dem Spätaufklärer Nicolai, mit Jacobi, Lavater… Alle werden mit Spott überzogen. Schiller nimmt sich auch die Brüder Schlegel zur Brust; dies behagt Goethe weniger, denn noch ist er den Schlegels, vor allem dem älteren, August Wilhelm, zugeneigt. (Diese Differenz zu Schiller wird noch eine Rolle spielen.) Viele Anspielungen und Spötteleien sind für uns heute schwer zu entschlüsseln; die Zeitgenossen jedoch haben sie verstanden und fühlten sich betroffen.

Mit besonderer Schärfe werden die populären Schriftsteller, so auch Kotzebue, ins Visier genommen. „Populär“ ist, wie eingangs bereits festgehalten, Ende des 18. Jahrhunderts im Sprachgebrauch Schillers und Goethes ja eher ein Schimpfwort. In einer Folge von 25 Distichen, die allein Schiller zugeschrieben werden können, kommt es zu einem aufschlussreichen Dialog zwischen dem die Unterwelt besuchenden Shakespeare und dem „gewaltigen Hercules". Der neuzeitliche Dichter hat die Schattenwelt aufgesucht, um nach dem „guten Geschmack", „der nicht mehr zu sehn sei", zu suchen. Thalia und Melpomene, also die Musen der Komödie und der Tragödie, herrschten nicht mehr: „Uns kann nur das Christlich-Moralische rühren, / Und was recht populär, häuslich und bürgerlich ist". Man sehe keinen Cäsar, keinen Orest, keine Andromache mehr auf den Bühnen, sondern „nur Pfarrer, Commerzienräthe,/ Fähndriche, Sekretairs oder Husarenmajors".

Das richtet sich gegen die sentimentale Trivialdramatik. Aber einige Vokabeln lassen aufhorchen: Sollte Schiller etwa selbstkritisch auch seine eigenen frühen Stücke meinen? Und tatsächlich: Auf die Frage des Heros „...was kann denn dieser Misere / Großes begegnen, was kann Großes durch sie geschehn?", antwortet Shakespeares Schatten: „Sie machen Cabale...".[58] – Mit subtiler Selbstironie geht somit Schiller mit seinem eigenen Frühwerk *Kabale und Liebe* ins Gericht, als wolle er sich des Umstands schämen, dass just dieses Stück zu seinen bühnenwirksamsten gehörte. Jetzt jedenfalls gilt beiden, Schiller wie Goethe, ein Abzielen auf den Publikumsgeschmack als Ursache der Misere der deutschen Bühne.

Speziell gegen Kotzebue richtet sich das Xenion Nr. 271, das mit dem Titel des erfolgreichsten dramatischen Erzeugnisses des Gegners überschrieben ist: „Menschenhaß und Reue":

> Menschenhaß? Nein, davon verspürt' ich bei'm heutigen Stücke /
> Keine Regung, jedoch Reue, die hab' ich gefühlt".[59]

Die sanfte Formulierung scheint unpolemisch, aber der Pentameter lässt sich lesen als Bedauern über die vertane Zeit, sich mit diesem „heutigen Stücke" abgegeben zu haben. - Ähnliche teils scharfe, teils gemäßigte Verse finden sich zuhauf; die *Xenien* sind ein wahres Strafgericht. „Wie ein Unwetter" seien sie

„über Deutschlands Literatur-Landschaft hinweggegangen. Schmähungen, Beleidigungen, persönliche Attacken [...] gehörten seitdem zum publizistischen Tagesgeschäft", schreibt der Herausgeber einer Sammlung ästhetischer Streitschriften.[60]

Aber schon bei der Veröffentlichung in Schillers *Almanach* gibt es seitens der Verfasser Vorbehalte und Bedenken. Goethe hat einiges abgemildert; Schiller will den scharfen Ton beibehalten. Längst nicht alle Xenien werden in das Almanach aufgenommen. Die Wirkung ist nichtsdestoweniger gewaltig - wenn auch nicht ganz im Sinne der Urheber. Denn deren spöttische und überhebliche Kritik ruft heftigen Protest hervor. Es ist die persönliche Zuspitzung, die als beleidigend empfunden wird und die die Widersacher veranlasst, ihrerseits ins Persönlich-Diffamierende zu gehen. Und da bietet insbesondere Goethe zahlreiche Angriffsflächen. Seine Lebensführung mit dem „Bettschatz" Christiane hat ja schon bei vielen seiner Zeitgenossen, auch solchen, die es gut mit ihm meinten, für Kopfschütteln gesorgt, sogar seine Körperlichkeit - er ist ja sehr dick geworden - ist oft bespöttelt worden. Frau von Stein berichtet, sie habe sich seiner geschämt, wenn sie ihn mit seiner „Kammerjungfer" im Park sah und habe so getan, als habe sie ihn nicht bemerkt.[61] Seine literarischen Erzeugnisse erregen, wie am Beispiel der *Horen* bereits gezeigt, eher Ärgernis; daran zerbricht sogar die Freundschaft zu Herder. Über die dramatische Produktion der „zwei großen Dichter" äußert sich Karoline Herder spöttisch, es gehöre schon „Langmut" dazu, „wie sie ihre ausstaffierten falschen Götzenbilder als den alleinigen dramatischen Gott aufgestellt haben".[62] Sie hat dabei zwar in erster Linie die *Jungfrau von Orleans* im Auge, aber das Verdikt trifft auch Goethe. Und eben diese Karoline Herder wird sich wenig später durch die Auseinandersetzung um August Wilhelm Schlegels *Ion* bestätigt fühlen.

Goethe jedenfalls erkennt bald, sich in Niederungen begeben zu haben, die seiner und Schillers nicht würdig sind. Er nennt die *Xenien* zwar in einem Brief an Schiller Ende 1796 „ein tolle[s] Wagstück", ermuntert den Freund jedoch, sie beide müssten sich - zu ergänzen wäre: *nur noch* - „bloß großer und würdiger Kunstwerke befleißigen und unsere proteische Natur, zu Beschämung aller Gegner, in die Gestalten des Edlen und Guten umwandeln" (An Schiller, 15.11.1796).[63] Mit der „proteischen Natur" spricht er ihre Wandlungsfähigkeit an. Insgesamt mag die Briefstelle als ein Eingeständnis gelten, die Gegner allzu kleinlich bearbeitet zu haben oder als die Absicht, sich nicht mehr mit weniger „Edlem" und „Gutem" herumschlagen zu wollen. Soweit sieht er sich - im Verein mit Schiller - über der Masse! „Mit schweigender Nichtachtung oder heiterer Miene", schreibt ein Goethe-Biograph, hätten beide fürderhin „auf den Zwergenaufstand der Niederung" herabgeblickt.[64]

Aber die „Zwerge" proben weiterhin den Aufstand und verstehen es, Goethe immer wieder empfindlich zu treffen. Es entstehen zahlreiche „Anti-Xenien", in denen sich die Angegriffenen zur Wehr setzen und ihrerseits sich über Goethe und Schiller lustig machen. Goethe wird gar trotz seiner fünfzig Jahre als unreifer Knabe verspottet, der „die Leute mit Koth" bewerfe.[65] Und es findet sich auch eine Parteinahme für Kotzebue, wenn auch mit verhaltener Ironie, indem das Flüsschen Ilm sich direkt an Goethe wendet:

Endlich sind sie getrocknet, der Sehnsucht zärtliche Thränen,
Endlich beneid' ich nicht mehr, Newa, dein kaltes Gestad.
Heil mir, Fremdling! Itzt bist du der meine! Du schreibest und handelst,
Wie mein geliebter Sohn, wie es mein Kotzebue tut.[66]

Goethe, in Weimar ein „Fremdling", habe sich also inzwischen im Schreiben und Handeln dem gebürtigen Weimarer Kotzebue, der an der Newa, also in St. Petersburg, zu Ehren gekommen ist, angeglichen. Das soll auch heißen: Goethe hat sich auf das Niveau des anderen herabgelassen. Allerdings wird

Kotzebues literarische Wirkung relativiert:

> Immer hat er zu beichten, der arme Sünder! Die Sünden
> Kennet das Publikum längst, aber die Besserung fehlt.[67]

Kotzebue findet also bei seiner Rückkehr Goethe *und* Schiller als Gegner vor. Aber es sind ihm noch andere Feinde erwachsen: die Romantiker.

Neue Gegner

Kotzebue möchte Weimar erobern. Die Voraussetzungen scheinen gut zu sein: Er ist mit einem Adelsprädikat ausgestattet (das hat er Schiller voraus), er darf sich „Präsident" nennen und tut es ausgiebig, er ist stolz darauf, Vertrauter der Zarin Katharina II. in St. Petersburg zu sein, er ist vom österreichischen Kaiser zum Hoftheaterdichter ernannt worden. Die negativen Begleiterscheinungen, sprich: Anfeindungen, blendet er aus, schließlich ist er der beliebteste und meistgespielte Theaterautor und aufgrund seiner verschiedenen Einkünfte vermutlich der wohlhabendste Dichter seiner Zeit. Natürlich weiß er, wie kritisch die Weimarer Größen, der eingebildete Olympier Goethe und der Hungerleider Schiller, ihm gegenüberstehen, schließlich hat er die *Xenien* gelesen. Und den Skandal um den *Doctor Bahrdt* wird man ihm, so vermutet er, immer noch übelnehmen, auch wenn er versucht hat sich reinzuwaschen. Aber er weiß ja auch, dass seine Stücke vom Weimarer Theaterdirektor in großer Zahl aufgeführt werden, dass er sogar oft gebeten worden ist, neue Stücke einzureichen. Im Durchschnitt waren dies vier pro Theatersaison! Vielleicht zollt ihm Goethe doch die erhoffte Anerkennung? Und wäre er, Präsident von Kotzebue, nicht der Richtige, um in Weimar eine ihm angemessene Stellung zu bekleiden?

Es lässt sich gut an. Goethe scheint keine Ressentiments zu hegen; er bereitet einen dem großen Theatermann würdigen Empfang vor. Er verfügt, Kotzebue solle freien Eintritt ins Theater haben und einen Zulassungsschein für die Bibliothek erhalten. Und er erweist dem Heimgekehrten eine besondere Reverenz, indem er eine Erstaufführung des Stückes *Das Epigramm* auf der Weimarer Bühne arrangiert, eines Stückes, in dem Kotzebue sich bemüht, seine früheren Spötteleien vergessen zu machen. Die dann folgenden persönlichen Begegnungen - Kotzebues Antrittsbesuch bei Goethe, dessen Gegenbesuch ein paar

Tage später - bestätigen vordergründig die Hoffnungen des Rückkehrers. Am herzoglichen Hof hat man ihm seine früheren satirischen Auslassungen offensichtlich längst verziehen; die Herzoginmutter Anna Amalia ist eine seiner größten Bewunderinnen. Sie befürwortet weitere Erstaufführungen Kotzebuescher Stück, und als sie am Vortag der Premiere des Historiendramas *Gustav Wasa* zu einer Lesung ins Wittumspalais bittet, ist die ganze Weimarer Geisteselite, wie es sich gehört, anwesend. Goethes Tagebuch sowie sein Briefwechsel mit Schiller verraten allerdings, dass von herzlicher Anerkennung keine Rede sein kann. Die Teilnahme an dieser Lesung bezeichnet Goethe Schiller gegenüber als eine „harte Zumutung": Schiller solle sich in „diese Gedulds- und Leidensprüfung [...] fassen"[68], und auch der Adressat dieses Billets hätte sich der Einladung gerne entzogen, musste der gesellschaftlichen Verpflichtung aber wohl oder übel nachkommen.

Tatsächlich wird der „Präsident" zu seinem Vergnügen allerorts so genannt; er fühlt sich bestätigt, ist obenauf. Er hat, so meint er jedenfalls, Weimar, seine Geburtsstadt, erobert. Seine Stücke werden nicht nur hier, sondern an allen bedeutenden Bühnen Deutschlands, sowie im Ausland, aufgeführt. Und er verkehrt in den höchsten Kreisen, da lässt sich verschmerzen, dass Goethe und Schiller dann doch, nach der ersten Begrüßung, auf Distanz gehen und keinen persönlichen Umgang mit ihm zu pflegen beabsichtigen.

Erfolg macht übermütig; das ist immer schon eine Schwäche Kotzebues gewesen. Kritische Rezensionen, an denen es in den gelehrten Zeitschriften nicht mangelt, reizen seine Spottlust und provozieren ihn zu Gegenattacken. Die Affäre um Zimmermann und den *Doctor Bahrdt* ist ihm keine Lehre. Damit erwachsen dem wackeren Vielschreiber neue Gegner.

In Jena hat sich, von Goethe zunächst durchaus mit Wohlwollen betrachtet, ein Kreis von Literaten und Philosophen gebildet, die „Romantische Schule". Dieses Verhalten Goethes mag zunächst überraschen, gehört es doch zu den Gemeinplätzen der Goetheforschung, dass zwischen dem „Klassiker" Goethe und den „Romantikern" eine scharfe Grenzlinie zu ziehen sei, die Goethe selbst mit seinen abfälligen Bemerkungen gezogen hat, gipfelnd in der Sentenz vom „gesunden" Klassischen und dem „kranken" Romantischen.[69] Jetzt aber, um die Jahrhundertwende, betrachtet Goethe das Treiben der jungen Leute, nicht nur deren schriftstellerische Produktionen, sondern auch deren unkonventionelle Lebensweise, mit Interesse, er fördert sie sogar. Insbesondere vom älteren der Schlegelbrüder, August Wilhelm, 1767 in Hannover geboren, sind Goethe und zunächst auch Schiller, der den jungen Mann seit 1795 zur Mitarbeit an den *Horen* gewonnen hat, beeindruckt. August Wilhelm gehört zeitweise zum engsten Kreis um Goethe, dieser schätzt dessen Übersetzertätigkeit (Shakespeare, Calderon) und lässt sich von ihm auch metrisch beraten. In seinen *Tag- und Jahresheften* auf das Jahr 1799 bemerkt er rückblickend: „[...] die Gegenwart *Wilhelm August* [sic!] *Schlegels* war für mich gewinnreich. Kein Augenblick ward müßig zugebracht, und man konnte schon auf viele Jahre hinaus ein geistiges gemeinsames Interesse vorhersehen".[70] Er verschafft dem hoffnungsvollen Literaten eine Professur in Jena. Dort bildet sich dann jener Romantiker-Kreis, zu dem der jüngere Schlegel, Friedrich, der Bergassessor Friedrich von Hardenberg, der unter dem Namen Novalis schreibt, der Theologe Friedrich Daniel Ernst Schleiermacher, die Philosophen Johann Gottlieb Fichte und Friedrich Wilhelm Schelling sowie der Schriftsteller Ludwig Tieck gehören, nicht zu vergessen die Frauen: Caroline, die zunächst mit August Wilhelm Schlegel, später mit Schelling verheiratet ist, und Dorothea Veit, die Gefährtin Friedrich Schlegels. Dieser Kreis gibt, unter der Federführung der Schlegel-Brüder, eine Zeitschrift, das *Athenäum*, heraus.

Der Titel dieser Zeitschrift schließt sich, genauso wie Schillers *Horen* oder Goethes *Propyläen*, an die antike, also „klassi-

August Wilhelm Schlegel

sche", Mythologie an. Die Übereinstimmung bleibt jedoch vordergründig, denn die Romantiker streben eine neue, moderne Literatur an, die die alte zu überwinden oder, mit den Worten des Novalis, zu „potenzieren" gewillt ist. Da sie jedoch in Goethe einen solchen Überwinder sehen, ist dieser ihnen durchaus zugeneigt. Er fühlt sich sichtlich geschmeichelt durch das Lob Friedrich Schlegels am *Wilhelm Meister* („Die Französische Revolution, Fichtes Wissenschaftslehre und Goethes *Wilhelm Meister* sind die größten Tendenzen des Jahrhunderts"[71]), steht allerdings August Wilhelm näher als Friedrich, den er zwar wegen dessen Intellektualität schätzt, den er aber doch gelegentlich als zu stürmisch und penetrant, als „eine rechte Brennnessel"[72], empfindet. Jedenfalls sagt Goethe seine Mitarbeit am *Athenäum* zu.

Zwischen Schiller und den Schlegels, insbesondere dem jüngeren, Friedrich, ist es inzwischen hingegen zu einem handfesten Zerwürfnis gekommen. Goethe, der dessen gewahr wird, verheimlicht Schiller gegenüber die Zusage, die er den Schlegels gegeben hat, um die Freundschaft nicht zu gefährden. Gerade damit beschwört er allerdings einen Vertrauensbruch herauf. Schiller mochte Friedrich Schlegel (den „unbescheidnen, kalten Witzling"[73]) schon beim ersten Kennenlernen nicht; er fühlte sich in seiner Beurteilung bestätigt, als Friedrich eine bissige Rezension der *Horen* (also immerhin der Zeitschrift, an der sein Bruder mitwirkte) verfasste. Daraufhin brach Schiller auch mit August Wilhelm, obwohl dieser mehrfach darum bittet, das Verhältnis aufrecht erhalten zu dürfen. „Niemand" könne begreifen, schreibt Schiller am 1. Juni 1797 an August Wilhelm, „wie ich zugleich der Freund Ihres Hauses und der Gegenstand von den Insulten [Beleidigungen] Ihres Bruders seyn kann".[74] Aus seiner daraus resultierenden Abneigung gegen *beide* macht er kein Hehl; am 23. Juli 1798 schreibt er an Goethe, die Sentenzen der Schlegels von der „göttlichen Universalpoesie" und dem „schöpferischen Chaos" seien reine „Fantastereien", ihm mache „diese naseweise, […] schneidende und einseitige Manier [des *Athenäums*] physisch wehe".[75] Wenig später räsoniert er über die „vielen egoistischen und widerwärtigen Ingredienzien" der Schlegelschen Schriften.[76] Goethe ist etwas verlegen. Er meint zwar, man könne doch den Verfassern „einen gewissen Ernst, eine gewisse Tiefe und von der andern Seite Liberalität nicht ableugnen".[77] Aber er muss auch eingestehen, dass sein Freund „mit Recht auf sie erbost" sei und dass Schiller seine Toleranz gegenüber den Schlegels oder gar deren Förderung nicht gefallen kann. Schiller ist derart aufgebracht, dass er sogar den ansonsten wegen seiner „windichten Aufgeblasenheit"[78] verachteten Kotzebue den Brüdern vorzieht: „Kotzebue ist mir respektabler in seiner Fruchtbarkeit als jenes unfruchtbare, im Grunde immer nachhinkende und den Raschfortschreitenden zurückrufende und hindernde Geschlecht."[79]

Trotz der Mäßigungsversuche Goethes wird die Feindschaft zwischen Schiller und den Brüdern noch heftiger. Denn in der Folgezeit schießen sich die Schlegels auf Schiller ein; ihre Verunglimpfungen und giftigen Satiren sind legendär. Das ausufernde Pathos bürgerlicher Elogen wie „Würde der Frauen" oder der „Glocke" reizte auch allzu sehr zur spöttischen Kritik und zur Parodie. Caroline Schlegel berichtet ihrer Tochter: „Über ein Gedicht von Schiller, das Lied von der Glocke, sind wir gestern Mittag fast von den Stühlen gefallen vor Lachen".[80] Allerdings sind sich die beiden Brüder dessen bewusst, dass sie möglicherweise ihr gutes Verhältnis zu Goethe gefährden, wenn sie mit Schiller übel umgehen. Goethe ist in einer misslichen Lage; zum einen hat er vor, die dramatischen Versuche der beiden auf die Weimarer Bühne zu bringen, um das Publikum auch an anspruchsvollere Themen als die Kotzebue'schen heranzuführen, zum andern möchte er es mit Schiller nicht verderben.

Diese Gemengelage ist für das „Klatschnest Weimar"[81] als Gesprächsstoff hochwillkommen. Einige Zeitgenossen sehen das

Friedrich Schlegel

Karl August Böttiger

Zerwürfnis zwischen den beiden Olympiern mit Schadenfreude; wer es gut mit den beiden meint, lehnt das enge Verhältnis Goethes zu den Schlegels ab. Hier tut sich – in beiderlei Hinsicht – der Gymnasialdirektor Böttiger hervor.

Von diesem, einem der wichtigsten Parteigänger Kotzebues, wird noch viel die Rede sein. Der aus dem Vogtland stammende Karl August Böttiger, Jahrgang 1760, ein hochveranlagter Altphilologe, Archäologe, Schriftsteller, Kirchen- und Schulmann, Journalist, Redakteur und Herausgeber, nach Promotion in Wittenberg und einiger Schulpraxis auf Veranlassung Herders 1791 nach Weimar berufen, wo er als Direktor des Gymnasiums und als Oberkonsistorialrat wirkte, ist eine der schillerndsten Persönlichkeiten der Goethezeit. Er weiß mit seiner Gelehrtheit, aber auch seinem Mutterwitz, die Großen Weimars für sich zu gewinnen, nimmt an deren geselligen Treffen teil, arbeitet an deren Zeitschriften mit, leitet selbst das *Journal des Luxus und der Moden* und redigiert ab 1779 Wielands Zeitschrift *Merkur*. Er ist omnipräsent, mischt sich in alles ein, kommentiert alles und jedes, schießt dabei öfters übers Ziel hinaus. Seine Schwäche ist Indiskretion. Durch Überschreitung seiner Kompetenzen und Verbreitung von Hofklatsch macht er sich mehr und mehr unbeliebt; zwar wird er sowohl von Goethe als auch von Schiller zunächst in Fragen der Gräzistik oder der Verslehre um Rat angegangen; da er dieses Vertrauen aber missbraucht, indem er intime Dinge weiterträgt, gerät er als Weimarer Klatschmaul bei diesen ins Abseits; Schiller nennt ihn wegen seiner Allgegenwart spöttisch einen „Meister Ubique“ (also Meister Überall), und Goethe lässt sich, wie wir noch hören werden, zu sehr viel heftigeren Bezeichnungen hinreißen. Nichtsdestoweniger ist Böttiger auch als ein Sprachrohr jener Weimarer anzusehen, die dem Treiben der Olympier skeptisch gegenüberstehen und die mit klammheimlicher Begierde Indiskretionen vernehmen. Und davon gibt es nicht wenige. Gerade Goethes Lebensführung hat ja oft genug Anlass zu Spott gegeben.

Dieser Böttiger also spricht von der „Schlegelschen Clique“, von der „sich jetzt Goethe ganz und gar beherrschen“ lasse; Goethe sei derzeit ständig in Jena, „wo er sich in Weihrauchwolken einhüllen“ lasse.[82] Ist das Besorgnis oder schon Spott? Schon zuvor hat Wieland besorgt bei Goethe nachgefragt, wie man sich denn so ekelhaft von den Schlegels könne loben lassen. Aber noch sieht dieser keine Veranlassung, seine Zuneigung von den Brüdern abzuziehen. Schiller, vor dem dieses Verhalten nicht verborgen bleibt, sieht dies mit schlecht verhehlter Eifersucht; er spricht von den beiden weiterhin abfällig als „Partisanen“, deren „lächerliche Verehrung“ Goethe eigentlich habe lästig werden müssen: „Er [Goethe] leidet [...] dadurch und sieht selbst recht wohl ein, daß die Quelle dieser Verehrung nicht die reinste ist; denn diese eitlen Menschen bedienen sich seines Namens nur als eines Paniers gegen ihre Feinde, und es ist ihnen im Grunde nur um sich selbst zu tun“.[83] Aber selbst der handfeste Skandal, der sich unter Mitwirkung von Kotzebue und Böttiger an die missglückten Aufführungen der Stücke der Schlegels anschließt und von dem bald die Rede sein muss, ändert daran vorerst nichts. Erst viel später muss Goethe Schiller recht geben.

Auch Kotzebue ist Opfer der Schlegelschen Spottlust geworden. Und es hätte ja nicht zu ihm gepasst, wenn er sich herausgehalten hätte. Die Angriffe hätte er als intellektuelle Spielereien, als recht harmlose Literatursatiren abtun können, aber er sieht sich zu Gegenattacken veranlasst. Und damit setzt er sich erneut in die Nesseln, denn er bringt damit auch Goethe, den Schlegelfreund, gegen sich auf.

Eine Eselei

Die Distanz zu den ‚Olympiern' bekümmert Kotzebue, aber noch ist es nicht zu einer offenen Gegnerschaft gekommen. Die Angriffe aus Jena setzen ihm schon mehr zu, und aus seiner Empfindlichkeit heraus begeht Kotzebue eine Eselei.

Neben den Weimarer *Xenien*-Größen sind ihm auch aus dem Kreis der Jenaer romantischen Schule, und zwar nicht nur in den beiden Schlegels, neue Gegner erwachsen. August Wilhelm Schlegel geht in seinen Rezensionen für die *Jenaer Allgemeine Literaturzeitung* noch einigermaßen gemäßigt mit den von ihm kritisierten Stücken um, jedenfalls was die Einzelkritik betrifft, fällt aber letztlich ein vernichtendes Urteil, sowohl über Kotzebues „eilfertige Fruchtbarkeit" angesichts dessen beängstigender Massenproduktion, als auch, und das ist wesentlich, die Inhalte betreffend, denen er „beständige Versündigungen an ächter Sittlichkeit und Schönheit" vorwirft. Er räumt zwar ein, Kotzebue werde wohl „fürs Erste [...] der Liebling unserer gewöhnlichen Schauspieler und des großen Haufens ihrer Zuschauer bleiben", dies aber nur deswegen, „weil sich weder die Darstellungsgabe der ersten, noch die Empfänglichkeit der andern zu Kunstwerken in einem höhern Geschmack erheben" könne.[84] Also, zusammengefasst: Schlechte Stücke - schlechte Schauspieler - Kunstbanausen als Zuschauer!

Mit ähnlicher Schärfe geht August Ferdinand Bernhardi (der Schwager Tiecks) mit Kotzebue im *Berlinischen Archiv der Zeit und des Geschmacks* (1798-1800) ins Gericht. Und Ludwig Tieck selbst, der ebenfalls zur romantischen Schule gehört, baut ironische Spitzen gar in seine erzählerischen und dramatischen Werke ein. Seine frühen verspielten Novellen oder „Arabesken", wie er sie auch nennt, sind größtenteils Literatursatiren, die Lesefrüchte in die Handlung einbinden. Die Bezüge sind meist recht offensichtlich; Titel werden genannt und nicht selten auch Autorennamen. Tieck verschont niemanden, auch sich selbst nicht; aber Kotzebue ist doch der Meistgenannte. Dieser ist als „Hans Knopfmacher" - in der Arabeske „Denkwürdige Geschichtschronik der Schildbürger" - unverkennbar Vorbild für den „hauptsächlichsten Dichter" der Schildbürger. Und da die Bewohner Schildas ja für ihre närrischen Einfälle berühmt sind, ist diese Auszeichnung ein vergiftetes Lob: Knopfmacher sei der erste gewesen, „der in seinen Stücken die damals neue Maske der ehrlichen, fast zu tugendhaften Huren" erfunden habe, er sei ferner wegen „einer andern Eigentümlichkeit merkwürdig" geworden, nämlich überall einen Schwarzen, einen „Mohren oder Araber", auftreten zu lassen, ob es nun passte oder nicht, und überhaupt habe er es sehr geliebt, „wenn seine Stücke keinen Zusammenhang hatten".[85] In der Erzählung „Die Teegesellschaft" schwärmen Verliebte im Rauschzustand über Kotzebue[86], in „Fermer, der Geniale" ergießt sich Spott über die Krassheiten und Übertreibungen der Kotzebueschen Charaktere, insbesondere über den Misanthropen Meinau aus *Menschenhass und Reue*, und in der Literatursatire vom *Gestiefelten Kater* werden rührselige Familienstücke - also die Domäne Kotzebues - verspottet. Dort finden sich auch erneut Sticheleien gegen die exotischen Figuren, die Kotzebues Stücke bevölkern, etwa in den *Negersklaven* oder den *Indianern in England*. Gurli, also die weibliche Hauptperson des letztgenannten Stücks, habe ja unzweifelhaft eine allzu laszive Moral...

Nun sind diese Invektiven im Grunde Spielereien. Die jungen Romantiker gefallen sich in Anspielungen und satirischen Seitenhieben; Kotzebue hätte eigentlich darüberstehen müssen. Was ihn aber ärgert, ist die Geschlossenheit der Gegnerschaft, zumal Goethe, der, obwohl er ja auch nicht immer gut wegkommt, trotzdem zu den Quälgeistern hält.

Der ältere der Schlegel-Brüder geht in der Zeitschrift *Athenäum* im 59. Fragment auf eine Veröffentlichung Kotzebues ein, die 1796 in der *Jenaischen Allgemeinen Literaturzeitung* erschienen war: „Fragmente über den Rezensenten-Unfug". Kotzebue zeigt sich dort als beleidigter Schriftsteller, formuliert seine Beschwerde aber nicht unwitzig, so vergleicht er den Rezensenten - so wie später Goethe in seinem berühmten Verdikt: „Schlagt ihn tot, den Hund! Er ist ein Rezensent!" - mit einem Hund, ja, er stellt den Hund sogar noch über den Rezensenten, denn jener wedle wenigstens mit dem Schwanz, während dieser „die Zähne giftig bleckt". Schlegel schreibt nun: „Die schlechten Schriftsteller klagen viel über Tyrannei der Rezensenten; ich glaube diese hätten eher die Klage zu führen. Sie sollen schön, geistvoll, vortrefflich finden, was nichts von dem allen ist." Er fährt fort: „[...] und es stößt sich nur an dem kleinen Umstande der Macht, so gingen die Rezensierten ebenso mit ihnen um wie Dionysius mit den Tadlern seiner Verse. Ein Kotzebue hat dies ja laut bekannt. Auch ließen sich die neuen Produkte von kleinen Dionysen dieser Art hinreichend mit den Worten anzeigen: Führt mich wieder in die Latomien."[87] - Kotzebue hätte sich bei solchen Sentenzen ruhig zurücklehnen können. Seine Leser und Zuschauer, die ihn schätzen und lieben, werden vermutlich keine Abonnenten des *Athenäums* gewesen sein. Bezüge zur griechischen Mythologie, Anspielungen auf die - als Gefängnisse genutzten - Syrakuser Kreidefelsen („Latomien") dürften ihnen fremd gewesen sein. Aber Kotzebue fühlt sich angestachelt, es den Feinden gleichzutun, sie vielleicht sogar zu übertrumpfen. Wie üblich setzt er einen groben Keil auf einen groben Klotz.

Was daraus entsteht, ist die oben angeführte Eselei. Er greift die Vorrede des *Athenäums* auf. Dort schreiben die Schlegels: „Schwerlich hat irgendeine andere Literatur so viele Ausgeburten der Originalitätssucht aufzuweisen als unsre. Es zeigt sich auch hierin, daß wir Hyperboreer sind. Bey den Hyperboreern wurden nemlich dem Apollo Esel geopfert, an deren wunderlichen Sprüngen er sich ergötzte".[88]

Was sind „Hyperboreer"? Nach griechischen Geographen ist Hyperborea (im Wortsinne: jenseits des Nordwinds „Boreas") ein weit im Norden liegendes, paradiesisches Land, dessen Be-

Der hyperboreeische Esel
oder
Die heutige Bildung.

Ein drastisches Drama,
und philosophisches Lustspiel für Jünglinge,
in Einem Akt.

Von
A. v. Kotzebue.

Saltantes Satyros imitabitur —
Virg. Ecl. 5. 73.

Leipzig,
bey Paul Gotthelf Kummer. 1799.

wohner sich dem Apollo-Kult verschrieben haben. Es war jedoch - nach der Mythologie - nur Götter und Helden vorbehalten, dorthin zu gelangen. Einer davon war Perseus, der zu seinem Erstaunen feststellte, dass die Hyperboreer etwas durchaus Ungewöhnliches taten, nämlich dem Gott Esel zu opfern. Wenn wir also, wie die Schlegels selbstironisch schreiben, Hyperboreer sind, spricht das nicht gerade für uns. Das nutzt Kotzebue aus, er schreibt seinen *Hyperboreeischen Esel*, ein „drastisches Drama und philosophisches Lustspiel für Jünglinge in Einem Act". Das Stück, das 1799 während der Leipziger Messer uraufgeführt wird (übrigens in Anwesenheit Friedrich Schlegels), trägt eine lustige Titelvignette, die den Gott der Künste auf einem Sockel sitzend zeigt, vor ihm vollführt ein Esel einen grotesken Tanz.

Der Inhalt ist schnell erzählt: Zwei Brüder, Hans und Karl, bewerben sich beide um die Zuneigung ihrer Cousine Malchen. Hans, ein einfacher, aber bodenständiger Jäger, glaubt keine Chance zu haben, denn Malchen ist eigentlich Karl versprochen. Als dieser jedoch auftaucht, erweist er sich nach drei Jahren Studium als theoretisierender Narr, der lediglich Zitate aus dem *Athenäum* und aus Friedrich Schlegels erotischem Roman *Lucinde* im Mund führt und mit diesen seine Antworten bestreitet – das klingt sowohl seinem Vater und Malchen als dem ebenfalls hinzukommenden Fürsten völlig verworren und unverständlich: Was er denn studiert habe, fragt der Fürst. Karl antwortet mit einem Zitat aus der *Lucinde*: „Goethes rein poetische Poesie, denn sie ist die vollständigste Poesie der Poesie". „Welch ein Bombast von Worten!" ruft der Fürst aus und der Vater seufzt: „Gott helfe mir! du bist der vollständigste Narr aller Narren!"[89] Kein Wunder, dass sich Malchen für den kreuzbraven Hans entscheidet, der zudem kurz zuvor von dem Fürsten zum Oberforstmeister befördert worden ist und somit eine bürgerliche Existenz garantiert. Der Vertreter der „heutigen Bildung", also Karl alias Friedrich Schlegel, wird ins Tollhaus verwiesen.

Mit den satirischen Spitzen gegen Friedrich Schlegels Roman *Lucinde* befindet sich Kotzebue in guter Gesellschaft. Nach heutigen Vorstellungen ist die moralische Entrüstung über diesen Liebes- und Eheroman mit seinen Andeutungen über die „schönste Situation" – womit der Geschlechtsakt gemeint ist – kaum nachvollziehbar. Die Verworrenheit der Form hat Methode, sie ist Ausdruck der von Schlegel beabsichtigten „künstlich geordneten Verwirrung": Das schöpferische Chaos ist ein Grundprinzip romantischer Literatur und Philosophie. Auch die Zeitgenossen konnten damit wenig anfangen, sie nahmen Anstoß an den „Schlüpfrigkeiten", und zudem erregte man sich über die als autobiographisch erkennbaren Anspielungen, denn die Titelfigur wurde von vielen mit Schlegels Geliebter, der Jüdin Dorothea Veit, die mit ihm in ‚wilder Ehe' zusammenlebte, identifiziert; unterschwellig spielen insofern auch antisemitische Vorbehalte hinein. – Ist die Lektüre des merkwürdigen Romans schon anstrengend genug, so mag die willkürliche Ansammlung aus dem Zusammenhang gerissener Zitate, wie sie Kotzebue im *Hyperboreeischen Esel* darbietet, erst recht befremdlich und unfreiwillig komisch wirken. So lässt sich Karl beispielsweise mit Sätzen hören wie: „Um zu sagen, was der Mensch soll, muß man Einer seyn, und es nebenbey auch wissen"[90] oder: „Es liegt in der Natur des Mannes ein gewisser tölpelhafter Enthusiasmus, der leicht bis zur Grobheit göttlich ist".[91]

Auch einer der Kernsätze der romantischen Weltanschauung, die die Schlegels in ihrem *Athenäum* postulieren, wird von Karl, der von sich sagt, er trage „einen Theorien-Eyerstock im Gehirn, und lege täglich wie eine Henne [s]eine Theorie"[92], zitiert. Es ist die berühmte Sentenz: „Die Französische Revolution, Fichte's Wissenschaftslehre und Göthes Meister sind die größten Tendenzen des Zeitalters".[93] Im Zusammenhang des *Esel*-Dialogs ist dies für den Fürsten, in dessen Land nach eigener Aussage „Ruhe und Sittlichkeit" herrschen, eine Provokation; er antwortet folgerichtig: „Nun habe ich genug". –

Die ursprünglich im *Athenäum* veröffentlichte Eloge auf den Roman *Wilhelm Meister* hat dessen Verfasser, also Goethe, trotz des hergestellten Zusammenhangs mit der Französischen Revolution gut gefallen; insofern wird ihn Kotzebues Schmähschrift geärgert haben. Wenn Kotzebue die Absicht gehabt hat, nicht nur die Schlegels, sondern auch Goethe zu attackieren, dann hat er sein Ziel erreicht, zumal er erneut in Weimar Zwietracht gesät hat. Es passierte nämlich Folgendes:

Friedrich Schlegel war, wie gesagt, bei der Aufführung des *Esels* in Leipzig 1799 anwesend; er hat sich „daran ergötzt"[94] – dann aber doch ein paar Tage später dessen Aufführungsverbot erwirkt. Sein Bruder August Wilhelm bedauert, wie er gegenüber Goethe am 22. Oktober 1799 berichtet, nicht rechtzeitig in Leipzig angekommen zu sein, so dass er die Aufführung, die „für Leipziger Kaufleute und Kaufmannsdiener ein unvergleichliches Fest" gewesen sein müsse, nicht mehr sehen konnte.[95] Die Rezensionen der literarischen Zeitschriften schwanken zwischen Unverständnis und Amüsement. Ein anonymer Rezensent bringt das Grundproblem der intellektuell überfrachteten Literatursatire zum Ausdruck, indem er sich fragt, ob „dies aus philosophischen unverständlichen Brocken und einer gar nicht neuen Intrigue zusammengesponnene Lustspiel" überhaupt bühnentauglich sei.[96] Auch Wieland weist brieflich auf einen Kardinalfehler hin: Zitate eines Dichters oder Philosophen wirkten immer lächerlich, wenn man sie, wie Kotzebue es tue, aus dem Zusammenhang reiße. Dennoch kann Kotzebue die Rezeption seines Stückes als Erfolg verbuchen. Denn: das Stück findet in Weimar Anklang, sogar der Herzog soll sich köstlich amüsiert und Kotzebue wegen des *Esels* gelobt haben. Goethe hingegen, dem dies nicht gefallen haben dürfte, hält sich zunächst zurück, wird aber bald Anlass haben, die Gegnerschaft zu Kotzebue neu zu beleben. Denn zu den Pikanterien der Rezeption des Stückes gehört auch, dass sich Kotzebue selbst unter einem - leicht durchschaubaren - Doppelpseudonym (Andreas Kanzelmann, Pfarrer zu Krähendorf, und Lorenz Wachtel, Schulmeister) in die Schar der Rezensenten einreiht. Aus „Krähendorf" wird bald darauf „Krähwinkel", und die geplante Aufführung des Stückes *Die deutschen Kleinstädter*, das in der fiktiven Kleinstadt Krähwinkel spielt, wird in Weimar zum Skandalon.

Aber vorher hat Kotzebue noch ein russisches Abenteuer zu bestehen.

Das merkwürdigste Jahr seines Lebens

Alles, was ihm zustößt, wird zu Literatur. Aber ist er deswegen der geschwätzige, charakterlose Vielschreiber? Diese Frage stellt sich erneut bei der Verarbeitung seines russischen Abenteuers; er spricht bei der Abfassung vom „merkwürdigsten Jahr [s]eines Lebens". Die Schrift erscheint im September 1801 in zwei Bänden. Er setzt darauf, dass alle Welt sich brennend dafür interessiert, welches Geschick ihm, dem großen Kotzebue, da widerfahren sein mag. Und er ist überzeugt, dass man sich mit ihm freut, wenn er von den Gefahren berichtet, in die er völlig ohne Schuld geraten und denen er letztlich entronnen ist.

Was war geschehen? Kotzebue ist, von dem Wunsch beseelt seine Geschäfte zu regeln, ins Baltikum gereist, und möchte dann St. Petersburg aufsuchen, denn dort leben seine Söhne aus erster Ehe. Er zweifelt nicht daran, einen ruhmreichen Empfang zu erleben, denn nach wie vor werden seine Stücke mit triumphalen Erfolgen sowohl in Reval als auch in St. Petersburg aufgeführt.

Doch es kommt anders. Aus nie ganz geklärten Gründen - vermutlich aufgrund einer Denunziation - wird Kotzebue beim Übertreten der russischen Grenze verhaftet. Er gilt als Jakobiner! Seine Eingaben an den Zaren, seine Beteuerungen, es müsse sich um einen Irrtum, eine Verwechslung handeln, bleiben unbeantwortet. Man verschleppt ihn nach Sibirien. Dort verbringt er mehrere Monate, der Willkür seiner Bewacher ausgesetzt.

Die Lektüre seiner Schrift lehrt uns jedoch: Es hätte schlimmer kommen können. Immerhin darf er große Teile seines mitgeführten Eigentums behalten; in den Verbannungsorten trifft er immer wieder Menschen an, die ihn kennen und schätzen und ihm deshalb hilfreich zur Seite stehen. Deshalb mögen spätere Leser wie Goethe die Schwere seines Unglücks angezweifelt haben. Jedenfalls: Spannend erzählen kann Kotzebue. Sein „merkwürdigstes Jahr" ist unterhaltsam und informativ, die ihm widerfahrenen Abenteuer werden glaubhaft und überzeugend geschildert. Aus der Rückschau - er kennt ja den guten Ausgang bereits - lässt er Milde walten. Auch der Humor kommt nicht zu kurz. Dafür ein Beispiel: Er hat einen leichtfertigen Begleiter, einen gebürtigen Italiener, der ihn bestiehlt. Als sie sich bei seiner Begnadigung trennen, nimmt dieser gerührt von ihm Abschied. Was dann folgt, erzählt er in launigem Ton:

> Doch wenn seine Rührung nicht erkünstelt war, so entsprang sie wohl nur aus der Vorstellung, daß er mich in Zukunft nicht mehr bestehlen könne. Denn ob ich ihm gleich außer dem versprochenen Lohn noch ein sehr reichliches Geschenk gab [überhaupt ist er nach eigenen Angaben stets sehr freigebig], so fand ich doch einige Tage nachher, als ich meinen Mantelsack aufschnallte, daß er meine ohnehin sehr geringen Habseligkeiten christlich mit mir geteilt hatte: geteilt im eigentlichen Sinne des Wortes; denn von allem vermißte ich gerade die Hälfte, und sogar ein Bettlaken hatte er mitten voneinander getrennt. Ich wünsche, daß er sanft darauf ruhen möge, und zweifle auch nicht an der Erfüllung dieses Wunsches. Denn was man Gewissen zu nennen pflegt, das kannte sein starker Geist nicht.[97]

Immer wieder hofft Kotzebue, die Gründe für seine Verbannung genannt zu bekommen - dann müsste sich ja alles aufs Beste klären. In der Gefangenschaft versucht er über die ihm wohlgesinnten Unterstützer - meist westeuropäische Verwaltungsbeamte in russischen Diensten - den Zaren zu erreichen. Diesem hatte er schon bei seiner Verhaftung ein „Memorial" geschickt, in dem er seine Unschuld beteuerte. Dieses Memorial ist jedoch lange liegen geblieben; der Kaiser wusste von seiner Existenz, kannte aber den Inhalt nicht. Schließlich kommt Kotzebue ein glücklicher Umstand zur Hilfe. Dem Zaren ist Kotzebues kleines Stück *Der alte Leibkutscher Peters des Dritten* in russischer Übersetzung zur Kenntnis gebracht worden, er liest es dreimal, nimmt jetzt endlich auch das Memorial zur Kenntnis und befiehlt, den Verfasser nicht nur zu begnadigen, sondern auch reichlich zu entschädigen. Er ernennt Kotzebue zum Direktor des deutschen Theaters in St. Petersburg und schenkt ihm das livländische Krongut Woroküll mit 400 Leibeigenen.

Eine wahrhaft Kotzebue'sche Wendung! Die glückliche Fügung, dass ausgerechnet eines seiner Theaterstücke ihm die allerhöchste Gunst beschert hat und er vom Kaiser selbst beschenkt worden ist, lässt ihn geradezu übermütig werden. In Moskau besucht er den durch seine *Briefe eines reisenden Russen* berühmt gewordenen Schriftsteller Karamsin. In dessen Zimmern „hing eine Sammlung von Bildnissen deutscher Gelehrten; und mit ihm selbst sprach ich von Wieland und Schiller, von Herder und Goethe, von meiner lieben Vaterstadt, wo es ihm gefallen hatte."[98] Wie sehr muss er es genossen haben, mit all diesen Größen in einem Atemzug genannt zu werden!

Die Auszeichnung, die ihm der Zar zukommen lässt, nämlich die Übernahme der Direktion des Theaters, ist ihm allerdings eher eine Last; er macht sich die Aufgabe – nach seinen Wiener Erfahrungen – nur widerstrebend zu eigen. Eigentlich hat er Derartiges nicht mehr machen wollen. Er weiß aus leidvoller Erfahrung, „daß die verdienstvollsten Künstler leider oft die schlechtesten Menschen sind; daß ein einzig tadelndes Wörtchen den leise Getadelten – hättest du ihn auch vorher mit Strömen von Lob überschüttet – zu deinem bittersten Feinde macht, wenn gleich er selbst dich oft mit allen Symptomen der Aufrichtigkeit und Bescheidenheit um dein Urteil gebeten hatte; daß die meisten Schauspieler, selbst die besseren unter ihnen, nicht die Kunst, sondern den Künstler in sich lieben, daß sie ein großes Gemälde von lauter verzerrten Figuren mit Vergnügen sehen, wenn nur ihre eigene geliebte Figur mit schmeichelnden Farben unverzeichnet aus dem Hintergrund hervortritt! [...] Ich sage, den Shakespeare parodierend: Eitelkeit, dein Name ist Schauspieler!"[99] Er spricht von den „ewigen Trakasserien [Quälereien] der Schauspieler, von ihrer Widersetzlichkeit und

Titelblatt der russischen Ausgabe 1806 (Ausschnitt)

ihrem unbegrenzten Eigendünkel [...]: C'est partout comme chez nous." Sodann von der Selbstherrlichkeit der ersten Schauspielerin, einer Madame Chevalier, die nicht dulden wollte, „daß irgend jemand außer ihr den Kaiser, gut oder schlecht, amüsieren solle".[100] – Mit solchen Einschätzungen der schauspielerischen Qualitäten und Eigenheiten befindet er sich, vermutlich ohne es zu wissen, in der gleichen Situation wie Goethe, als dieser die Leitung des Weimarer Theaters übernommen hatte.

Spezifisch russische Einschränkungen kommen hinzu. Zu den Beschwerlichkeiten des Amtes gehört vor allem die Zensur. So müssen Begriffe wie „Republik", „Bürger", „Vaterland" weggelassen oder ersetzt werden: „Wehe meinem Lande!" statt „Wehe meinem Vaterlande!". Der Satz „Stirb als *freier* Römer!" (in seinem Stück *Octavia*) wird gestrichen. Selbst eine humoristische Äußerung wie „Ich will nach Rußland, dort soll es brav kalt sein!" (in: *Die Versöhnung*) ändert der strenge Zensor um in: „Ich will nach Rußland, dort wohnen lauter ehrliche Leute!"[101]

All diese Einschränkungen führen dazu, dass Kotzebue sein neues Amt mit „Überdruß", ja, mit „gänzliche[m] Ekel" versieht. Er sehnt sich zurück nach Weimar und hofft auf eine neue Chance. Dass ihm dort Erfolg beschieden sein wird, glaubt er fest. Die Niederschrift seines *Merkwürdigsten Jahres* betrachtet er als eine Verpflichtung, die berechtigte Neugier der breiten Öffentlichkeit zu befriedigen. Nicht etwa aus „Eitelkeit", heißt es im „Vorbericht", wolle er erzählen, wie es ihm ergangen sei, nein, sein Schicksal sei vielmehr so „sonderbar" gewesen, dass es „schon als Roman interessiren würde", und da „Deutschland – ja ich darf sagen, ein Theil von Europa – [...] sich Theils neugierig, Theils wollwollend für mein Schicksal interessirt" habe[102], habe er die Schrift verfasst, zumal es einige Unterstellungen zu widerlegen gebe. Bereits während seiner russischen Gefangenschaft habe er einen Abriss seines ganzen öffentlichen und zum Teil auch seines Privatlebens gegeben, „worüber in

Deutschland, England und Frankreich so manches Unwahre oder Halbwahre geschrieben worden" sei.[103] Man habe ihm nicht die gebührende Wertschätzung entgegengebracht.

Als Günstling, geradezu als Freund und Vertrauter des Zaren, so sieht er sich. Denn dieser „Herr über den halben Welttheil" habe „willig sein Unrecht" erkannt und es wieder gut gemacht, und dies nicht „wie ein Kaiser gegen den Unterthan, sondern wie ein Mensch gegen den Menschen".[104] Eine später hinzugefügte Widmung gilt den Freunden zu Hause, die ihm die Treue gehalten hätten:

> Daß ich, wiederkehrend aus dem öden Grabe,
> Alle meine Schätze wieder um mich fand –
> Daß ich noch mein Weib und meine Kinder habe –
> Ja, ich dank' es Eurer Brüder- – Schwester-Hand![105]

Zu diesen Weimarer Freunden darf er, auch wenn er es beschwört, Goethe und Schiller nicht zählen. Sein Schicksal in Russland ist zwar mit Aufmerksamkeit verfolgt worden, aber dass er nach seiner Begnadigung und der Aussöhnung mit dem Zaren noch eine Weile am russischen Hof verbleibt, hat in Weimar eher Erleichterung ausgelöst. Goethe schreibt mit spöttischem Unterton an Franz Kirms, seine rechte Hand bei der Theaterleitung: „Wenn Kaiser Paul (gemeint ist der amtierende Zar Paul I., Sohn Katharinas der Großen) Herrn v. Kotzebue recht gut und ehrenvoll behandelt, und bei sich behält, so soll er für beides unsern Dank haben!".[106] Und Kirms antwortet beflissen: „Ew. Hochwohlgeb. werden mir eine Ängstlichkeit öfters angesehen haben, die ich wegen Herrn v. Kotzebue haben musste, seine Unvorsichtigkeit möchte Spannungen hervorbringen. Wir sind nun seiner los, Paul lässt ihn nicht weg. Er hat ihm die Intendanz über das Theater in Petersburg gegeben [...] und ihn zum Hofrath ernannt. So ist es gut! Wir bekommen von Zeit zu Zeit seine Manuscripte und – haben mit ihm in der Nähe weiter nichts zu thun".[107] Später, nach Kotzebues Rückkehr, wird

Goethe sich noch abfällig über das *Merkwürdigste Jahr* äußern. Johannes Daniel Falk erinnert sich an ein Gespräch mit Goethe: „Bei einem von allen Seiten so reich vorliegenden Stoffe", habe dieser räsoniert, sei es „wohl kaum möglich, [...] etwas an sich Gehaltloseres zu Tage zu fördern. Ich bin gewiß, wenn einer von uns im Frühling über die Wiesen von Oberweimar herauf nach Belvedere geht, daß ihm tausendmal Merkwürdigeres in der Natur zum Wiedererzählen oder zum Aufzeichnen in sein Tagebuch begegnet, als dem Kotzebue auf seiner ganzen Reise bis ans Ende der Welt zugestoßen ist"[108] - ein Urteil, das der erzählerischen Qualität Kotzebues nicht gerecht wird.

Die Hoffnung, Kotzebue werde in Russland bleiben, erfüllt sich allerdings nicht. Paul I. fällt im Frühjahr 1801 einem Attentat zum Opfer, und Kotzebue kann sich in Petersburg nicht mehr sicher fühlen. Also kehrt er wieder nach Weimar zurück.

Eine Ehrenpforte für den Heimkehrer

In Weimar hat man sich also zu früh gefreut, den lästigen Zeitgenossen erst einmal los zu sein. Kotzebue ist wieder da, und er fragt sich, ob er denn diesmal, so wie er es verdient habe, respektvoll aufgenommen werde. Doch gerade an diesem Respekt mangelt es. Die Brüder Schlegel, die von seiner unglücklichen Verbannung, aber auch von seiner Begnadigung natürlich Kenntnis hatten, haben sich auf ihre Weise auf Kotzebues „gehoffte Rückkehr ins Vaterland" vorbereitet und ihm einen literarischen „Triumphbogen" errichtet. Die satirische Schrift erscheint im Herbst 1800 unter dem Titel *Ehrenpforte und Triumphbogen für den Theaterpräsidenten von Kotzebue, bei seiner gehofften Rückkehr ins Vaterland.* Die Autorschaft ist nicht angegeben, es bleibt aber nicht lange ein Geheimnis, dass es sich bei den Verfassern um die Brüder Schlegel handelt; man vermutet zunächst Friedrich, aber in erster Linie ist August Wilhelm Schlegel der Urheber. Es ist beider Rache gegen den Verfasser des *Hyperboreeischen Esels.* Diese „Ehrenpforte" feuert eine ganze Reihe von geistreich-spöttischen, mitunter auch groben Salven gegen Kotzebue ab, obwohl der „Vorbericht des Herausgebers" behauptet, sich eigentlich gegen die „unberufenen Tadler" dieses „unvergleichlichen Dichter[s]" zu richten, „die auf diese Weise ihr Theil dermaßen bekommen, daß sie sich nicht so leicht wieder an ihn wagen werden".[109] Das Ganze ist ein Meisterstück poetischer Satire.

Zunächst wird in zehn Sonetten – darunter befindet sich auch jenes mit der Anspielung auf den „Galvanismus" – ein vergiftetes Lob über Kotzebue ausgeschüttet. Er schien uns verloren zu sein, jetzt aber sei er neu geboren und nahe sich „im Gefolge seines Ruhms."[110] Es öffneten sich erneut die „Thränenschleusen", wer nicht an die Menschheit glaube, gehe ins Theater – dort lerne er es. Der tückische Tieck, die schlagenden Schlegel könnten ihm, dem neuen Shakespeare, nichts anhaben. Allerdings unterschiede ihn von diesem, dass er kein wahrer Poet sei, denn „Versemachen [mache] ihm viel Beschwerden“[111] – ein Seitenhieb auf den „Verfertiger von Dramen“, der sich, um als ‚wahrer Dichter‘ anerkannt zu werden, auch im klassischen Versmaß, dem fünfhebigen Jambus, versucht hatte.

Ein „Catalogue raisonné von Kotzebue's Schauspielen“ nimmt dann insgesamt 32 Stücke Kotzebues aufs Korn, und zwar in der Art der *Xenien*, also in Distichen. So heißt es etwa:

Albern ist *Menschenhaß*; zweideutig bleibet die *Reue*:
Aber der Kinder Gequäk flickt die gebrochene Eh.[112]

Es finden sich auch zahlreiche persönliche verunglimpfende Anspielungen, etwa der Hinweis darauf, dass Kotzebue seine totkranke Frau allein gelassen hat und nach Paris geflohen sei, wo er dann das Theaterstück *Der weibliche Jakobiner-Club* geschrieben habe.

Kernstück der „Ehrenpforte“ ist das „empfindsam-romantische Schauspiel in zwei Aufzügen“ *Kotzebue's Rettung oder der tugendhafte Verbannte*. Darin treten Figuren aus seinen Dramen auf, aber auch reale Personen, Kotzebue selbst, Böttiger, Falk… Die Nachricht, dass der ‚Verbannte‘ frei sei, wird von einem Hund nach Sibirien überbracht; dieser kann als Kurier gerade noch ausrufen: „Wau wau! Kotzebau! Du bist frei!“, um dann sein Leben auszuhauchen. Am Schluss sitzen der Zurückgekehrte, Böttiger und Falk im Weimarer Theater während einer Aufführung des Kotzebueschen Stückes *Octavia* im Parterre, Böttiger macht die anderen auf die vornehmen „beiden Dichter hinter uns in der Loge“ aufmerksam. Gemeint sind fraglos Goethe und Schiller. Kotzebue fragt, ob er nicht in jene Loge heraufkommen könne, woraufhin Böttiger antwortet: „Mir sind ziemlich alle Wege in diesem Hause bekannt, allein von hieraus führt schlechterdings keiner dahin. Sie müßten erst ganz aus dem Hause hinaus, und zu einer andern Thür wieder herein". Daraufhin Kotzebue: „Ich will doch lieber nur hier sitzen bleiben."[113] (Diese Bescheidenheit wird Kotzebue allerdings bei seiner tatsächlich erfolgten Rückkehr nicht an den Tag legen.) Den Abschluss bilden einige Gedichte, voran der vergnügliche „Festgesang deutscher Schauspielerinnen bei Kotzebue's Rückkehr". Die ersten beiden Strophen lauten:

Allerliebster Kotzebue!
Hatten wir doch keine Ruh,
Da man dich von uns genommen,
Bis du endlich wiederkommen.
Ach, wir waren sehr betrübt,
Denn wir sind in dich verliebt.
Nun willkommen, Liebster, du,
Kotzebue, Kotzebue!
Bubu - bubu - bubu - bu!

Wir Verlaßnen, wärst du hin,
Hätten's kläglichen Gewinn:
Shakespeare, Goethe, Schiller spielen
Mit unmenschlichen Gefühlen,
Und der Jamben harte Noth,
Die wir hassen in den Tod.
Davon rettest uns nur du,
Kotzebue, Kotzebue!
Bubu - bubu - bubu - bu![114]

Die folgenden Strophen gehen auf einige Stücke und Protagonisten des Autors ein: auf tränenreiche Schicksale, unverhoffte Schwangerschaften, immer wieder „Unschuld, Sünd' und Reu'", um dann zum Schluss noch einmal Kotzebue dafür zu loben, dass er sich der Reime und gar des „jambischen Geplärrs" enthält, also der bis „in den Tod" gehassten Versformen, mit denen Shakespeare, Goethe und Schiller die Schauspielerinnen quälen. In einer sich anschließenden „Ode" gehen dann die Verfasser mit der politischen Wankelmütigkeit ihres Gegners ins Gericht:

Im Bahrdt warst du bemüht, den niedern Haufen
Mit Zoten und Pasquillen zu erkaufen:
O Schand' und Spott!
Du Sansculott!

Drauf schriebst du, noch gebrandmarkt von dem Tadel,
Ein Buch für den durch dich vermehrten Adel:
Verwegne That!
Aristokrat![115]

Mit der Anspielung auf das schändliche und zotige Stück vom Doctor Bahrdt habe sich Kotzebue als „Sansculotte" geriert, somit als Anhänger der Arbeiter und Kleinbürger im revolutionären Frankreich - dorthin war er ja noch vor dem qualvollen Tod seiner Frau ‚geflüchtet'. Kurz darauf habe er aber den Adel, und zwar in dem Stück *Der Graf von Burgund,* als die wahrhaft ‚edle' Gesellschaftsform dargestellt. Schließlich war er inzwischen selbst adlig!

Goethe hat sich nach zeitgenössischen Berichten köstlich über die *Ehrenpforte* amüsiert. Er schreibt an Schiller, das Buch habe „brillante Partien".[116] Wie wird er nun auf den Zurückgekehrten reagieren? Er hat sich ja schon zuvor auf die Seite der Schlegels gestellt, und dies ist Kotzebue natürlich nicht entgangen.

Aber es kommt zunächst nicht zu einem Zusammentreffen; dieses findet erst im Oktober statt. Der Grund ist einfach zu benennen: Goethe hat im Frühjahr 1801 andere Sorgen, als sich Kotzebues anzunehmen. Aus einer Erkältung, die er sich in Jena zugezogen hat (im Jenaer Schloss, wo er im Winter 1800/1801 an seinem *Tancred,* einer Übersetzung aus dem Französischen des Voltaire, arbeitete, war es erbärmlich kalt und feucht), ist eine lebensbedrohliche Erkrankung erwachsen. Die ihm Wohlgesonnenen vermerken dies mit Besorgnis. Wieland rechnet mit dem Schlimmsten: „Der Verlust, wenn wir so unglücklich sein sollten, ihn zu verlieren, wäre in mehr als einer Rücksicht unersetzlich...", schreibt er am 9. Januar 1801 an Karl August

Böttiger.[117] Und die Frau von Stein, die ihm immer noch böse ist wegen seines Aufbruchs nach Italien, von dem er ihr, der angeblich Herzensvertrauten, nichts kundgetan hatte, geht - in einem Briefchen an den Sohn Fritz (auch er ein früherer Liebling Goethes) - in sich: „Ich wusste nicht, daß unser ehemaliger Freund Goethe mir noch so teuer wäre, daß eine schwere Krankheit, an der er seit neun Tagen liegt, mich so innig ergreifen würde…" Es ist allerdings auch schrecklich, was sie dem Sohn über den „ehemaligen Freund" zu berichten weiß: Krampfhusten, Blatterrose, verschwollener Hals, inwendige Blasen, „sein linkes Auge ist ihm wie eine große Nuß herausgetreten, und läuft Blut und Materie heraus", kurz: „Die Schillern (also Schillers Frau Charlotte) und ich haben schon viele Tränen die Tage her über ihn vergossen… Und nun werde ich ihn vielleicht nicht wiedersehen!"[118] Aber Goethe erholt sich, wider Erwarten, begibt sich im Frühjahr auf sein neu erworbenes Gut in Oberroßla und ergötzt sich dort „in freier Luft" - und, da „die Conklusion *ergo bibamus* zu allen Prämissen paßt"[119], genießt er sicherlich auch bei gutem Wein die Abgeschiedenheit, denn Weimar und Jena sind ihm zuletzt doch zu betriebsam gewesen. Dann tritt er eine Kur in Bad Pyrmont an.

Im Rückblick - in den *Tag- und Jahresheften* - gibt er sich gelöst und heiter; die Weimarer Mitmenschen dagegen stellen fest, er sei zwar völlig genesen, aber doch, so Böttiger, infolge der Krankheit „äußerst reizbar". Dies schreibt Böttiger am 13. März 1801, also zu einem Zeitpunkt, zu dem das Verhältnis noch nicht zerrüttet war, und in diesem Brief lassen sich bereits Anflüge aufmüpfiger Kritik an Goethes Schaffen, insbesondere im Hinblick auf das Theater und dessen Leitung, erkennen. Auch die Ursachen für den späteren Zwist, dem sich dann Kotzebue willig anschließen wird, zeichnen sich hier ab. So heißt es: „Sein [Voltaires in Goethes Übersetzung] *Tancred* mißfiel hier das erste Mal durchaus, wurde aber das zweite Mal durch das Spiel der trefflichen Jagemann als Amenaide sehr gehoben…

Wir sind nun einmal nicht für diese pathetische Sentimentsparade."[120] Das ist deutlich. Mit diesem „Wir" suggeriert Böttiger eine breite Opposition gegen den Theaterintendanten, eine Opposition, die sich bald noch stärker artikulieren wird. Und mit der „pathetischen Sentimentsparade" legt Böttiger den Finger in die Wunde: Die hohe Sprache der klassischen Dramen wird vielfach für gestelzt gehalten. Kotzebue hat die tatsächlichen Bedürfnisse des breiten Theaterpublikums sehr viel eher befriedigt, indem er „der Jamben harte Noth" (bis auf seine eigenen missglückten Versuche) Shakespeare, Schiller und Goethe überließ.

Jetzt also - man möchte mit Kotzebue sagen: endlich! - kommt es zum Zusammentreffen zwischen dem Heimgekehrten und Goethe.

Kein Zugang zur Cour d'Amour

Um in der Weimarer Gesellschaft Fuß zu fassen, möchte Kotzebue eine Gelegenheit nutzen, die ihm der wiedergenesene und zu neuer Tat drängende Goethe bietet: das „Mittwochskränzchen".

Im Oktober 1801 gründet Goethe, wohl aus dem Bedürfnis heraus, sich oft einstellende trübe Gedanken zu verscheuchen, einen geselligen Zirkel, der sich zu heiter-fröhlichen Gesprächen zunächst wöchentlich jeden Mittwoch, dann alle vierzehn Tage nach dem Theater bei ihm versammeln soll. Vorbild sei „nach der wohlbekannten Minnesänger-Sitte eine *cour d'amour*", und so möge der „Verein" auch benannt werden, „indem der Name die poetische Tendenz desselben und die Zwangslosigkeit bezeichnen, die unter den Mitgliedern herrschen solle". (Ob der „kleine schelmische Gott Amor" sich dabei Geltung verschaffe, möge „seiner Macht überlassen bleiben".[121]) Diese Sitte sieht, wie Johannes Falk in seinen Erinnerungen *Goethe aus näherm persönlichen Umgange dargestellt* (1824) berichtet, so aus: Es „mußte sich jeder Ritter eine der anwesenden Damen zum Fräulein erwählen, deren Dienst er sich ausschließlich widmete und ihr alle jenen zarten Huldigungen von Liebe und Treue darbrachte, welche die Ritterpflicht in solchen Fällen jedem wackern Rittersmanne auferlegt".[122]

Die Paare sollten für die Dauer der geselligen Treffen zusammen bleiben. Goethe selbst legt die Paarungen fest; für sich erwählt er Henriette von Egloffstein zur Partnerin, die nach unglücklicher Ehe bei ihrem Bruder, dem Weimarer Regierungsrat Wolfgang von Egloffstein, Zuflucht genommen hat. Goethe scheint sie nicht nur wegen ihrer Schönheit geschätzt zu haben, er nennt sie in seinen Briefen seine „geliebte" und „würdige Freundin".[123] Ihr verdanken wir auch einen Bericht über diese als „Mittwochskränzchen" bekannt gewordene „Cour d'Amour": In ihrem Bericht kommt – in der Rückschau

Henriette von Egloffstein

- der eigentlich bewunderte Mann nicht besonders gut weg, er wird als „schroff" und „spießbürgerlich steif" bezeichnet, sie nimmt Anstoß an dem pedantischen Reglement, aber auch an seiner „ominösen Liaison" mit der - im Übrigen zu diesen Zusammenkünften niemals zugelassenen - Christiane Vulpius.

Zudem soll Goethe sie auch verärgert haben, indem er ein ihr gewidmetes Lied, wie sich herausstellt, bereits früher einer anderen Schönen in Jena zugeeignet hatte. – Zunächst scheinen die Gäste Goethes die Runde jedoch genossen zu haben, auch wenn die Zusammensetzung, nach Schillers Worten, „zum Teil sehr heterogen" war.[124] Zu den teilnehmenden Paaren gehören unter anderem neben Schiller auch Caroline von Wolzogen, Schillers Frau Charlotte und Wilhelm von Wolzogen, Louise von Göchhausen und der Schweizer Maler und Schriftsteller Johann Heinrich Meyer (der „Kunscht-Meyer") sowie gelegentlich der Herzog und der Erbprinz. In der Runde wird gesungen und gespielt, gegessen und gebechert („pokuliert" hieß es damals).[125] Goethe und Schiller steuern Lieder bei, nach dem Motto: „Heitere Lieder / Stärken die Brust".[126]

Zu diesem illustren Kreis, über den in Weimar reichlich gespottet wird, glaubt nun Kotzebue naturgemäß zu gehören. Trotz jener Ablehnung der beiden Olympier, die ihn nicht als ihresgleichen ansehen wollten, ist er nach wie vor der Überzeugung, mit seinem Erfolg auf den Bühnen dieser Welt als größter Dramatiker der Zeit angesehen zu werden, und das Publikum in Weimar werde ihm und nicht dem Geheimen Rat, dessen Ruhm allenfalls in Artikeln gelehrter Zeitschriften verbreitet werde, die Krone zusprechen. Mit dieser Einschätzung hat er zwar recht – aber eben nur beim Publikum, zu dem durchaus auch hochgestellte Personen gehören. Kotzebues Ansinnen, sich dem Kränzchen anschließen zu wollen, hat eine wichtige Fürsprecherin, nämlich Louise von Göchhausen, die witzig-schlagfertige, aber auch spöttisch-ironische Hofdame der Herzogin Anna Amalia. Sie ist nicht ohne Einfluss, und ihrer Befürwortung schließen sich dann auch andere Damen des Kränzchens an.

Goethe aber bleibt unerbittlich. Er dürfte aus gutem Grund befürchtet haben, der ihm als eitel und geltungssüchtig vorkommende Kotzebue werde ihm, dem Herrscher über das gesellige Leben der kleinen Residenzstadt, bald zur Last fallen, indem er sich selbst in den Mittelpunkt spielen werde. Schon in der Esel-Affäre war Goethe ja auf Seiten der Schlegels, und diese würden nicht zögern, die Teilnahme des verlachten Skribenten an Goethes illustrem Kreis mit Hohn und Spott zu überziehen - und darunter würde nicht zuletzt auch er selbst leiden. Er ist sich wohl bewusst, dass seine oft herrische Art, mit der er das Geschehen des Städtchens dominiert, die Bevölkerung zum Widerspruch reizt, und das Publikum würde jede Möglichkeit nutzen, ihn, die Sonne Weimars, schadenfroh bloßzustellen. Kotzebue in seinen Kreis aufzunehmen, ihn quasi anzuerkennen, würde, so befürchtet Goethe, bedeuten, sich zu dessen Niveau herabzulassen. Das kommt nicht in Frage. In Absprache mit Schiller fügt er den Statuten des Kränzchens einen Zusatz an: „Daß Niemand weder einen Einheimischen noch einen Fremden in diesen geschlossenen Cirkel mitbringen sollte, wenigstens nicht ohne vorangegangene allgemeine Zustimmung der übrigen Mitglieder".[127] Als die Damen weiterhin um die Aufnahme Kotzebues nachsuchen, reagiert er grimmig und droht mit der Auflösung des Zirkels.

Kritische Äußerungen, die er über Kotzebue fallen lässt, bleiben dem Aufnahmewilligen im Klatschnest Weimar nicht verborgen. Dass der Konkurrent am weltlichen Hofe Anerkennung gefunden hat, kommentiert Goethe spöttisch damit, dass jener aber am *„geistlichen* Hofe" - damit ist sein Kränzchen, überhaupt sein Umfeld, gemeint - *keinen* Zutritt gefunden habe. Und es kursiert eine gehässige und reichlich geschmacklose Karikatur in Weimar (die leider nicht erhalten ist), auf der, nach Böttiger, Folgendes zu sehen ist:

> Goethe mit einigen andern wandelt in den Propyläen unter den Säulengängen vornehm-gutmütig herum. Unten hat Kotzebue die Hosen abgezogen und setzt einen Sir Reverence [hier so viel wie: Sch...haufen], indem er sehnsuchtsvoll hinanblickend spricht:
> Ach könnt ich doch nur dort hinein,
> Bald sollts voll Stank und Unrat sein![128]

Kotzebue gibt auf, jedenfalls im Hinblick auf eine Teilnahme an Goethes Mittwochskränzchen. Aber so einfach lässt sich der selbstbewusste und nach Anerkennung strebende Mann nicht abspeisen. Er gründet kurzerhand ein Konkurrenzunternehmen, das er mit feiner Häme „Donnerstagsgesellschaft" nennt. „Der Herr Kollegienrat von Kotzebue empfängt..." Die Einladungen sind sowohl an Adlige als auch an Bürgerliche gerichtet. Sie werden tatsächlich gerne angenommen, es geht lustig zu – lustiger jedenfalls als bei den steif ritualisierten Treffen im Hause des Geheimen Rates. Kotzebue ist ein charmanter Gastgeber und ein angenehmer Plauderer. Zu Goethes Verdruss nehmen auch einige Mitglieder seines eigenen Mittwochkränzchens, insbesondere die Damen – allen voran die aus Goethes Sicht widerspenstige Göchhausen –, an Kotzebues Abenden teil. Dies verstärkt seinen Unmut und er hält verärgert fest: „Den einmal als gültig anerkannten Gesetzen [die er allerdings selbst aufgestellt hat!] müsse man wohl treu bleiben; wo nicht, so solle man lieber die ganze Gesellschaft aufgeben, was vielleicht auch um so räthlicher sei, da eine zu lange fortgesetzte Treue für die Damen allerdings etwas Beschwerliches, wo nicht gar Langweiliges mit sich führe".[129] Da er sich mit seiner „Cour d'Amour" von den Damen verraten fühlt, macht er seine Androhung, das Mittwochskränzchen aufzulösen, bald darauf – im Frühjahr des Folgejahres – wahr.

Für kurze Zeit ist Kotzebue obenauf. Er sonnt sich in seinem Erfolg. Aber bald darauf erlebt er eine weitere Niederlage.

*

Wagen wir eine Zwischenbilanz. Aus den zahlreichen Zurücksetzungen durch Goethe sind in Kotzebue Empfindlichkeit und Groll gewachsen, von einer öffentlich ausgetragenen Gegnerschaft kann allerdings weder bei ihm noch bei Goethe bisher die Rede sein. Der erfolgreiche Schriftsteller sonnt sich in seinem Ruhm, den er im In- und Ausland genießt, und verständlicherweise hat die Tatsache, dass seine Stücke zum unentbehrlichen

Repertoire auch der Weimarer Bühne gehören, seinen Wunsch nach Anerkennung bestärkt. Aber Goethe besteht auf Abstand und reagiert schroff auf Annäherungsversuche - Kotzebue ist hierbei kein Einzelfall. In Fragen der Qualität ist der ‚olympische' Kunstrichter unerbittlich und lässt dies seine schriftstellernden Kollegen deutlich-allzudeutlich merken. Andererseits ist er, nicht nur was seine Lebensführung angeht, also etwa in Bezug auf seine als Haushälterin camouflierte Geliebte Christiane Vulpius, nicht unumstritten. Seine literarischen Erfolge liegen lange zurück, und den eigenen Theaterstücken wie dem *Groß-Cophta* (1791) oder dem *Bürgergeneral* (1793), die sich in verschlüsselter Form mit der Französischen Revolution auseinandersetzen, ist in Weimar kein Erfolg beschert, sie werden meist schon nach wenigen Aufführungen wieder abgesetzt. An missliebigen Zeitgenossen mangelt es zudem in Weimar nicht! Gerne werden Gelegenheiten wahrgenommen, den schroffen Minister auf ein menschliches Maß zurückzustutzen.

„Ach, Freund, wohin ist Goethe gesunken!“

Goethe ist das Theater leid, im doppelten Sinne des Wortes. Schon einige Male hat er den Herzog um Entpflichtung von diesem ungeliebten Amt des Theaterdirektors gebeten, sich aber dann immer wieder überreden lassen weiterzumachen. Er hat ja die Vorstellung, sein Weimarer Schauspielhaus zu einem qualitätsvollen Musentempel zu machen, trotz all der Schwierigkeiten, die sich ihm in den Weg stellten - dem Fehlen eines geeigneten Ensembles, geeigneter Stücke und eben auch eines dem höheren Anspruch gewachsenen Publikums - noch nicht aufgegeben.

Schiller hat eine Idee. Er findet schon länger, sein Freund Goethe sei - wohl infolge seines schwankenden Gesundheitszustandes - oftmals „wenig Herr über seine Stimmung“, seine Schwerfälligkeit mache ihn „unschlüssig“, und über den „vielen Liebhaberbeschäftigungen, die er sich mit wissenschaftlichen Dingen“ mache, „zerstreu[e] er sich zu sehr“[130]. Es gelingt ihm deshalb zu seiner Freude, Goethe für eine Initiative zu gewinnen: die „Dramatische Preisaufgabe“. Die Beiden setzen in den *Propyläen* einen Preis von 30 Dukaten für das „beste Intriguenstück“ aus; in der Ausschreibung heißt es mit deutlichem Seitenblick auf Kotzebue, ohne dass dieser genannt wird, „die reine Komödie, das lustige Lustspiel [seien] bei uns Deutschen durch das sentimentalische zu sehr verdrängt worden.“[131] Es werden insgesamt 13 Stücke eingesandt. Jedoch wird keines davon für preiswürdig erachtet. - Einer der Einsender ist ein gewisser Johann Friedrich Rochlitz, den Goethe aus Leipzig kannte. Dieser fragt, nachdem er keine Reaktion auf seine Einsendung bekommt, bei Böttiger, den er für einen Vertrauten Goethes und Schillers zu halten scheint, nach, ob dieser etwas Näheres über die Beurteilung seines Stückes wisse.

Böttiger verneint dies mit gespielter Bescheidenheit: So nahe sei er dann doch nicht an den Beiden dran, dass man ihn eingeweiht hätte. Dann lässt er aber durchblicken, warum seiner Meinung nach keine der Einsendungen Gnade vor den Olympiern gefunden habe. „Goethe (nicht Schiller) liegt ganz in den Händen der Schlegel".[132]

Auch Böttiger stellt also mit spöttischem Missvergnügen die Sympathien Goethes für die beiden Schlegel fest. Goethe scheint die satirischen Spitzen, die sich jene gegen die *Xenien*-Dichter erlaubten, nicht verübelt zu haben. Immerhin hatte August Wilhelm Schlegel in seinen *Scherzhaften Gedichten, Epigrammen und litterarischen Scherzen auf Zeitgenoßen* nicht nur Schiller, sondern auch ihn attackiert. Dort findet sich das Gedicht „An die Dichter der Xenien. (Monostrophische Ode in dem Silbenmaße ‚Ehret die Frauen')":

„Was einer einbrockt, das muß er auch essen".
Hattet den rostigen Spruch ihr vergessen,
Als ihr die Xenien botet zum Schmaus?
Was ihr gefrevelt in schwärmender Jugend,
Kommt euch, bei reiferer männlicher Tugend,
Auf dem Theater zu Hof und zu Haus.
Stella, Clavigo, Cabale, Fiesco,
Räuber, gemahlt in dem crudesten Fresco,
Brüteten Iffland und Kotzebue aus.[133]

Das heißt doch nicht weniger als dass Goethe und Schiller selbst schuld seien am Erfolg der Boulevardstücke ihrer trivialen Konkurrenten. Diese ‚Jugendsünden' wie *Stella* und *Clavigo* (Goethe) sowie *Kabale und Liebe, Die Verschwörung des Fieco zu Genua* und *Die Räuber* (Schiller) hätten Iffland und Kotzebue „ausgebrütet" (somit verursacht).

Von solchen Kritiken bleibt Goethe, im Gegensatz zu Schiller, unberührt. Er hält die Schlegelbrüder für fähig, mit gehaltvollen klassischen Stoffen die Bühne zu bereichern und damit einen qualitativen Gegensatz zu dem ungeliebten Kotzebue oder auch Iffland zu bilden. Ende des Jahres wird Lessings *Nathan* gegeben - mit gutem Erfolg. Das ist ein Signal: Das Publikum scheint reif für Qualität. Und dann, am 2. Januar 1802, folgt die Uraufführung von August Wilhelm Schlegels Drama *Ion* nach der Vorlage des griechischen Dramatikers Euripides. Dies ist zwar kein „Lustspiel“ im Sinne jener „Dramatischen Preisaufgabe“, aber es liegt wegen seiner Klassizität Goethe am Herzen.

Nun also eine weitere Adaption des griechischen Klassikers, der schon die Vorlage für Goethes *Iphigenie* lieferte. Es mag erstaunen, dass sich August Wilhelm Schlegel ausgerechnet Euripides zuwendet, denn gerade über diesen, den Jüngsten aus Trias der Tragödiendichter Aischylos und Sophokles, hat er sich sehr despektierlich ausgesprochen. Wenn man ihn sagen hört: „Überhaupt will ich ihm [Euripides] das erstaunliche Talent nicht absprechen, sondern ich behaupte nur, dass es mit einem ausgearteten und innerlich verderbten Gemüte gepaart war“[134], dann sind das Formulierungen, die auch und gerade auf einen Autor wie Kotzebue eher gemünzt hätten sein können, ebenso die Äußerung: „Die Bösen kommen nicht selten frei durch; Lügen und andere schlechte Streiche werden offenbar in Schutz genommen, besonders wenn er ihnen vermeintlich edle Motive unterzuschieben weiß.“[135] Bei dieser Abwertung des Vorlagengebers wird man August Wilhelm unterstellen dürfen, dass er in seinem eigenen Stück jene „schlechten Streiche“ vermeiden und um eine Moralisierung und Humanisierung bemüht sein wird. Auch hier also eine Gemeinsamkeit mit der *Iphigenie*. Die Ähnlichkeiten sind deutlich zu sehen: Hier wie dort wird das Euripideische Drama formal und inhaltlich umgemodelt.

Beim Publikum fällt das Stück jedoch durch. Die Zuschauer reagieren auf ihre Weise: Sie bleiben nach der Premiere weiteren Aufführungen fern; das Drama wird in Weimar schon nach zwei Vorstellungen abgesetzt. Diese Bilanz steht in krassem Widerspruch zu den Urteilen der Schlegel-Partei, zu der auch Goethe als Intendant gehört. Caroline Schlegel schreibt geradezu euphorisch ihrem Mann: „Goethe hat mit unendlicher Liebe an Dir und dem Stück gehandelt. […] Auch ist keine Frage, daß es allgemein gefallen hat, gewiß mit manchen Ausnahmen, manchen Rückhalten und auch wider Willen, aber gefallen dennoch…“[136] Und Goethe selbst schreibt, nicht ohne ein gehöriges Selbstlob, in seinem Aufsatz *Weimarisches Hoftheater* im Februar 1802: „Man darf sich schmeicheln, […] eine meist vollendete Darstellung geliefert zu haben“. Er geht im Weiteren auf die Personen und den Inhalt ein (dazu später mehr) und wird dann grundsätzlicher: „Übrigens ist das Stück [der *Ion*] für *gebildete Zuschauer*, denen *mythologische Verhältnisse* nicht fremd sind, völlig klar“ – für die „weniger Gebildeten“ habe es das „pädagogische Verdienst“, dass diese zu Hause ein mythologisches Wörterbuch zur Hand nehmen könnten, um sich aufzuklären…[137] Er begründet also das Unverständnis der Zuschauer mit deren mangelnder Bildung – ein deutlicher Seitenhieb auf den zeitgenössischen Geschmack, der im Theater lieber Prügel- oder Verwechslungsszenen à la Kotzebue und Iffland goutiert als anspruchsvolle Stoffe. Diese Auseinandersetzung mit dem Publikum zeigt, dass seine Hoffnung auf gebildetere Zuschauer noch nicht aufgegangen ist. Auf die Trivialautoren gemünzt ist die folgende Auslassung:

> Man kann dem Publicum keine größere Achtung bezeigen, als indem man es nicht wie Pöbel behandelt. Der Pöbel drängt sich unvorbereitet zum Schauspielhause, er verlangt, was ihm unmittelbar genießbar ist, er will schauen, staunen, lachen, weinen und nöthigt daher die Directionen, welche von ihm abhängen, sich mehr oder weniger zu ihm herabzulassen […][138]

Deutlich erkennbar ist sein Dilemma: Er möchte gerne Aufführungen für ein „erwähltes Publicum“[139] geben, glaubt zeitweise – bestärkt durch den Erfolg von Lessings *Nathan* – bei den Weimarer Theaterbesuchern die entsprechenden Grundlagen annehmen zu dürfen. Aber immer wieder muss er dem allgemeinen Geschmack Genüge tun und sich zu dem Publikum „herablassen". Im Rückblick – in den viele Jahre später entstandenen *Tag- und Jahresheften* – überwiegt die Ansicht, mit dem Schlegelschen *Ion* Erfolg gehabt zu haben; die Resonanz des Publikums blendet er aus:

> Auf einen hohen Grad von Bildung waren schon Bühne und Zuschauer gelangt. Über alles Erwarten glückten die Vorstellungen von *Ion* (Jan. 4.), *Turandot* (Jan. 30. [von Schiller]), *Iphigenia* (Mai 15.), *Alarcos* (Mai 29. [von Friedrich Schlegel]), sie wurden mit größter Sorgfalt trefflich gegeben [...].[140]

Dies ist schon eine recht einseitige Sichtweise, auch wenn sie, wie oben wiedergegeben, von der Schlegel-Partei gestützt wird. Denn das Publikum, das sozusagen mit den Füßen abstimmte und den weiteren angesetzten Aufführungen des *Ion* fernblieb, bestand nicht nur aus Kotzebue-Anhängern. Der *Ion* und später der *Alarcos* von Friedrich Schlegel sorgten nicht nur für Unverständnis und unfreiwillige Heiterkeit[141], sondern – gerade bei gebildeten Zuschauern – auch für sittliche Entrüstung.

Allen voran ist es Karoline Herder – wegen des Zwistes zwischen ihrem Mann und Goethe ohnehin nicht gut auf den ehemaligen Freund zu sprechen –, die sich empört; sie schreibt an Knebel:

> Den Tag darauf wurde „Jon", von August Wilhelm Schlegel, *frei* übersetzt und bearbeitet, gegeben. Ein schamloseres, frecheres, sittenverderbenderes Stück ist noch nicht gegeben. Jena war wieder herüberzitiert zum Klatschen. Bei der zweiten Vorstellung waren wenige darin; zum dritten Mal wollen sie's nicht wagen; denn da möchte das Haus ganz leer bleiben. Ach, Freund, wohin ist Goethe gesunken![142]

Worum geht es in dem Stück? Was hat den Skandal ausgelöst? Was erregte den Zorn der Sittenwächter?

Schlegels Stück ist mehr als eine Übersetzung oder Bearbeitung der Euripideischen Vorlage, auch wenn die Abfolge der Handlung übereinstimmt, es erfüllt die von Friedrich Schlegel im *Athenäum* gesetzte Programmatik: Eine Neufassung soll sowohl eine *Kritik des Originals* als auch ein eigenständiges Kunstwerk darstellen, eine *Verjüngung*.

Zum Inhalt:

Ion (der Stammvater der Ionier) entstammt einer Vergewaltigung. Der Gott Apollon hat ihn mit der athenischen Königstochter Kreusa gezeugt. Kreusa setzt ihn in einem Körbchen aus. Er gelangt mit Hermes' Hilfe nach Delphi, wo er von Pythia als Tempeldiener herangezogen wird. Kreusa hat inzwischen Xuthos geheiratet; da die Ehe kinderlos bleibt, pilgern sie zum Orakel. Kreusa und Ion finden sich sympathisch. Apollon eröffnet Xuthos, derjenige, der ihm zuerst entgegentreten werde, sei sein leiblicher Sohn - insofern glaubt Xuthos aufgrund dieser Lüge, Ion, dem er als erstem begegnet, sei einer seiner Jugendsünden entsprungen. Xuthos will dies vor Kreusa verheimlichen. Als aber Kreusa - wiederum durch das Orakel - davon erfährt (sie ist ja im Glauben, ihr Sohn sei tot), will sie sich an Apollon rächen und Xuthus und den vermeintlichen Bastard Ion töten. Xuthus ist inzwischen nicht mehr da; er ist nach Athen zurückgekehrt. Der Giftanschlag auf Ion misslingt; jetzt ist es an Ion, Kreusa bestrafen zu wollen. Da tritt die Pythia in Erscheinung (sie hat jenes Körbchen aufbewahrt) und klärt Kreusa und Ion auf. Ion glaubt ihr zunächst nicht und will selbst den Gott befragen. Die Antwort erhält er allerdings von Apollons Schwester Athene (einer *Dea ex machina*), die ihm eröffnet, er sei der *heros epónymos* (namensgebende Held) der Ionier, Kreusa und Xuthus würden noch zwei Söhne bekommen, Doros und Achaios, die dann die Stammväter der anderen griechischen Stämme (der Dorer und Achaier) würden. Xuthus wird im Glauben gelassen, dass Ion sein leiblicher Sohn sei.

Kern des Dramas sind somit die *Anagnórisis* (Wiedererkennung) von Mutter und Sohn sowie das *Mechánema* (Intrige, Rache, aber auch Rettung): Es sind dieselben dramatischen Triebkräfte wie in der *Iphigenie,* sowohl bei Euripides wie auch bei Goethe. Der Gott Apollon ist Lenker und Verursacher im Hintergrund, wenngleich er von den handelnden Personen wegen seines Fehlverhaltens angeklagt wird. Die Kritik der handelnden Personen (und damit wohl auch des Publikums) richtet sich weniger auf sein sexuelles Verbrechen, als auf seine verschleiernden Lügen - und letztlich auch auf seine Feigheit, weil er sich am Schluss durch seine Schwester vertreten lässt.

Wie hat Schlegel diesen Stoff verändert - und woran dürfte Goethe Gefallen gefunden haben?

Wichtig ist die Beseitigung des Betrugs, den Apollon sowie Athena an Xuthos begehen. Er glaubt ja bis zum Schluss, der leibliche Vater des Ion zu sein - und auch Kreusa klärt ihn nicht auf. Bei Euripides verschwindet Xuthos schon früh von der Bühne, bei Schlegel wird er eine der Hauptpersonen. Er wird Zeuge des Mordversuchs; als er von Ions wahrer Herkunft erfährt, verzichtet er auf eine Bestrafung Kreusas und lässt sich letztlich von Apollon, der bei Schlegel statt Athena selber auftritt, mit Kreusa versöhnen. Insofern ist auch Ions Tadel am Verhalten Apollons wesentlich milder; bei Euripides wird Apollon von Ion als „Frevler“ beschimpft, der „blind und unbedacht“ seinen „Lüsten“ nachjage.

Zwangsläufig entfällt bei Schlegel der politische Aspekt. Euripides hatte zeigen wollen, dass die Ionier, also die Abkömmlinge des Ion, letztlich göttlichen Ursprungs sind, auch wenn Ion das Ergebnis einer Vergewaltigung ist. Schlegel war es - nach eigenen Worten - um eine „Versittlichung“ und „Besserung“ des antiken Dramas zu tun. Wie in Goethes *Iphigenie* spielt sich die Haupthandlung im Inneren der Personen ab, es bedarf keiner Einwirkung von außen. Leitendes Motiv ist die *Sehnsucht*: des Sohnes nach der Mutter, der Mutter nach dem Sohn, des Sohnes nach dem (göttlichen) Vater. Der Betrug an Xuthus unterbleibt bei Schlegel; Xuthus wird vielmehr in den

Bund der Liebe und des Vertrauens einbezogen.

Diese humanistische Lösung wird Goethe gefallen haben! Den Vorwurf der Amoralität ignoriert er, aber natürlich ärgert ihn die aus seiner Sicht unangemessene Reaktion des unverständigen Publikums. Sein Unmut steigert sich zum Zorn, als auch sein zweiter Versuch misslingt, die Schlegels auf der Weimarer Bühne zu etablieren. Es handelt sich um Friedrich Schlegels - den Dramen Calderons nachempfundenes - romantisierendes Theaterstück *Alarcos.*

An die Aufführung des *Alarcos* erinnern sich die Weimarer noch lange. Ein Ausruf Goethes: „Man lache nicht!" ist zur Legende geworden. Eduard Genast, einer der treuesten und dem Direktor durchaus ergebenen Schauspieler (wenngleich auch er nicht alles kritiklos hinnahm), erinnert sich in seiner 1862 erschienenen Schrift *Aus dem Tagebuche eines alten Schauspielers*: „Als benannte Partei [gemeint sind Kotzebue und dessen Anhänger] bei einer Stelle lachte, [sprang Goethe] in seiner Loge wütend [auf] und [rief] mit seiner Donnerstimme: ‚Man lache nicht!'"[143] Ähnliches berichtet Henriette von Egloffstein - eben jene, die auch der Rolle Goethes beim Mittwochskränzchen wenig Charme abzugewinnen vermochte - über die Uraufführung: Die „halbe Bevölkerung von Weimar" sei, von lebhafter Neugierde getrieben, das „vielbesprochene und vielbekrittelte Stück zu sehen", herbeigeströmt. Sie beschreibt auch die Platzierung Goethes im Schauspielhaus richtiger als Genast, denn der Direktor hatte sich im Parterre einen hohen Armstuhl installieren lassen, auf dem er ernst und feierlich thronte, „während Kotzebue auf dem vollgedrängten Balkone, weit über die Balustrade vorgebeugt, durch lebhafte Gestikulationen seine Gegenwart bemerkbar zu machen" versuchte. Dann die Vorstellung. Zunächst verhält sich das Publikum zurückhaltend, passiv. Aber es wird immer unruhiger, beginnt zu rumoren. Die altspanische Tragödie reizt zum Lachen. Schließlich die Stelle, die den Eklat auslöst: der alte König sei „aus Furcht zu sterben, endlich gar gestorben" – da kann das Publikum sich nicht mehr vor Lachen halten, das ganze Haus erbebt davon, „während Kotzebue wie ein Besessener unaufhörlich" applaudiert. Aber da sei Goethe aufgesprungen, habe mit donnernder Stimme sein Verdikt gerufen, der Tumult habe sich gelegt und der „unselige Alarcos" sei „ohne weitere Störung, aber auch ohne das geringste Zeichen des Beifalls zu Ende" gegangen.[144]

Anderntags äußert sich Goethe, wiederum gegenüber Genast, „zufrieden" über die Vorstellung, fügt allerdings hinzu, „was die andern Leute sagen", gehe ihn nichts an. Sein Gegenüber glaubt aber deutlich zu erkennen, dass Goethe die Reaktion des Publikums nicht gleichgültig ist und dass er den Misserfolg als „Niederlage" empfindet.

*

Wir erinnern uns, dass Goethe in seinen nachträglichen *Tag- und Jahresheften* behauptet hatte, *Ion* und *Alarcos* seien „über alles Erwarten" geglückt.[145] Die Berichte der Zeitgenossen lassen eine andere, weniger günstige, Beurteilung zu. Was die Missfallensäußerungen des Publikums betrifft, spricht Goethe von einem „verdrängenden ausschließenden Parteigeist", gegen den man zu kämpfen gehabt habe: Schon am Abend vor der Vorstellung des *Ion* habe es einen unbescheidenen „Oppositions-Versuch" gegeben, der sich dann durch Störungen während der Aufführung bemerkbar gemacht habe.[146] Und auch für das skandalöse Verhalten während der *Alarcos*-Aufführung macht er eine „Gegenpartei" verantwortlich.

Diese „Gegenpartei": Damit sind, woran die Zeitzeugen keinen Zweifel lassen, Kotzebue und dessen Anhänger gemeint. Hierzu zählt in erster Linie der schon mehrfach erwähnte „Meister Ubique", also Böttiger. Mehr und mehr hat sich Böttiger auf die Seite der Kritiker Goethes geschlagen; Anlass ist für ihn die Selbstgefälligkeit des ‚Olympiers', der trotz deutlich sichtbarer Ablehnung des Publikums die missratene Aufführung des *Ion* verteidigt.

Die Auseinandersetzung um den *Ion* spitzt sich zu und wächst zu dem angesprochenen Skandal aus. Böttiger schreibt eine Rezension, die er im *Journal des Luxus und der Moden* zu veröffentlichen beabsichtigt. Hierin setzt er sich kritisch-ironisch mit dem Stück auseinander, dessen Verfasserschaft ihm natürlich infolge einer Indiskretion, über die sich beispielsweise Caroline Schlegel nicht wenig aufregte[147], bekannt war. Noch vor dem Druck erfährt Goethe davon und übt massiven Einfluss auf den Herausgeber der Zeitschrift, Friedrich Johann Bertuch, aus, droht mit einer Intervention beim Herzog und unmissverständlich mit seinem Rücktritt. Er wendet sich auch an Wieland und warnt diesen, die Rezension in dessen *Teutschen Merkur* aufzunehmen. Bertuch und Wieland geben nach und sehen von einer Veröffentlichung ab.

Goethe übt hier nichts anderes als eine veritable Pressezensur aus. In den *Tag- und Jahresheften* vermerkt er etwas schwammig:

> Ein sowohl den Autor als die Intendanz angreifender Aufsatz war in das Mode-Journal projectirt, aber ernst und kräftig zurückgewiesen! Denn es war noch nicht Grundsatz, daß in demselbigen Staat, in derselbigen Stadt es irgend einem Glied erlaubt sei, das zu zerstören was andere kurz vorher aufgebaut hatten.[148]

Was war so schlimm an der Rezension Böttigers? Liest man sie oberflächlich durch, wird man den Grimm Goethes nicht recht teilen können. Es ist die feine Ironie, die ihm zu schaffen machte. So macht Böttiger sich beispielsweise über die Darbietung selbst lustig – ein Thema, bei dem Goethe sehr empfindlich war[149] – oder auch über die Fülle griechischer Namen und Ereignisse, die das Publikum sicherlich überforderten. Wesentlich dürfte sich Goethe aber über Böttigers Anmerkungen zur Moralität geärgert haben. Böttiger fasst den Inhalt wie folgt zusammen:

> Eine zärtliche Mutter, die ihren Sohn vergiften, ein edler Sohn, der den Pfeil auf seine Mutter abdrücken will, während dieser doppelte

Frevel die gegenseitige Erkennung herbeiführt: was kann uns mehr ergreifen, spannen, befriedigen?[150]

Er beteuert zwar, der anonyme Verfasser habe sich über die „flache Erbärmlichkeit" des Euripides erhoben; indem jedoch der Unterschied in der Handlung, insbesondere bei der Lösung des Konflikts, nicht genannt werde, dürfte man auch das Folgestück flach und erbärmlich finden.

Wie sehr sich Goethe erregt hat, wird an seiner Äußerungen gegenüber Bertuch und Wieland deutlich. Er wird geradezu ausfallend. Dass der „Herr Überall" sich kritisch äußern würde, hat er vorausgesehen, dass dieser „niederträchtige Mensch" und „Verzerrer", dieser „Tigeraffe" und „Schuft" aber während der Aufführung im Parterre herumgerannt sei, um durch „pedantische Anmerkungen den Genuß einer Darstellung, wie sie Weimar noch nicht gehabt hat, zu stören"[151], erregt ihn maßlos.

Interessant ist die Position, die Wieland in dieser Auseinandersetzung bezieht. Er begründet Böttiger gegenüber am 15. Januar die Absage (also die Rezension auf Geheiß Goethes nicht im *Merkur* erscheinen zu lassen), unterscheidet aber zwischen Inhalt (mit dem er weitgehend übereinstimmt) und Form der Kritik, von der er sicher ist, dass Goethe sie ihm, Böttiger, niemals verzeihen werde, jener werde einen „Vergeltungskrieg" gegen ihn führen, und er selbst sehe sich nicht in der Lage, ihn wieder mit Goethe auszusöhnen, dies sei „so unmöglich, als den Mond mit den Zähnen vom Himmel herabzuziehen".[152] Und dass „Monsieur Schl.", den er auch nicht leiden könne, triumphiere, sieht er durchaus mit Bedauern.[153]

Jetzt ist Kotzebue wieder am Zuge.

Dieser ist nämlich ebenfalls bei der Uraufführung des *Ion* zugegen gewesen; er hat wohl auch an den genannten Störaktionen der „Gegenpartei'" teilgenommen. Jedenfalls hat er den Misserfolg, der sich in der Reaktion des Publikums manifestierte, sicherlich mit großem Vergnügen als Niederlage Goethes angesehen. Und als er gar von den Zensurverfügungen Goethes erfährt, schlägt er sich ganz auf die Seite Böttigers: Er fühle mit ihm „tief und bitter" und eine „solche Schlechtigkeit [habe er] Goethe nicht zugetraut."[154] Und er findet einen probaten Weg, die Niederlage zu vervollkommnen und Goethes Pressezensur zu unterlaufen. Die Rezension erscheint dann später in einer Berliner Zeitschrift, dem *Freimüthigen.* Auf diese kann Goethe keinen Einfluss nehmen. Herausgeber des *Freimüthigen* ist nämlich niemand anders als – Kotzebue selbst.

Eine gescheiterte Krönung

Die jetzt offen ausgetragene Gegnerschaft zwischen den ‚Parteien' hat personelle Konsequenzen. Goethe drängt, wie gesagt, erfolgreich darauf, Böttiger aus Weimar zu entfernen, und auch Kotzebue hält sich nicht länger in seiner Heimatstadt auf und siedelt im zweiten Halbjahr 1802 nach Berlin über. Aber bevor es so weit ist - und bevor der Streit um die *Ion*-Aufführung im Frühjahr 1802 eskaliert -, ist noch von zwei Ereignissen zu berichten, die sich in Weimar abspielen. Das eine ist eine missglückte Krönung und das andere eine Auseinandersetzung um ein neues Kotzebue-Stück.

Zur „Krönung": Kotzebue hatte ja sein „Donnerstagskränzchen" erfolgreich gegen Goethe positioniert, was diesen nicht wenig ärgerte und zu Überlegungen veranlasste, wie er es dem immer lästiger werdenden Konkurrenten heimzahlen könnte. Eine Gelegenheit dazu liefert Kotzebue selbst, der die Chance wittert, den Zwist zwischen Goethe und Schiller zu vertiefen, denn er hat deutlich wahrgenommen, dass Schiller Goethes Fürsprache und Unterstützung der Schlegels ablehnt: Wenn es noch eines Beweises dafür bedurft hätte, dann hätten die Querelen um die *Ion*- und später die *Alarcos*-Aufführung die letzten Zweifel beseitigt: Schiller macht kein Hehl daraus, dass er die Schlegel-Dramen für „platt" hält.[155] Er hat sich zwar nicht öffentlich in den Chor der Kritiker eingereiht - das verbietet vermutlich die Rücksichtnahme auf Goethe -, aber gegenüber seinen Briefpartnern drückt er seine Ablehnung unmissverständlich aus. Kotzebue hofiert also Schiller in einer Weise, die in Weimar Aufsehen erregt; Caroline Schlegel berichtet ihrem Mann, sie habe gehört, dass Kotzebue Schiller „gänzlich anbetet und aufrichtig über alle Schauspieldichter der Erde setzt".[156] Um dieser Verehrung auch öffentlich Ausdruck zu verleihen, organisiert er eine Feier im neuen Weimarer Stadthaus zu Schillers Namenstag (am 5. März), die einer Dichterkrönung gleichkommen soll. Es sollen Szenen aus Schillers Dramen dargestellt werden; hierzu haben sich einige Damen der Gesellschaft bereit erklärt, so die Gräfin von Egloffstein (wir erinnern uns: sie war Goethes Partnerin im Mittwochskränzchen, das bald darauf eingestellt wird) als Jungfrau von Orleans. Ferner soll die „Glocke" rezitiert werden, Kotzebue selbst möchte als Meister Glockengießer auftreten. Der Zeitgenosse Johannes Falk berichtet, wie das Ganze sich abspielen sollte:

> Ihm [Kotzebue] lag es insonderheit ob, die aus Pappe verfertigte Form der Glocke mit seinem Hammer mächtig entzweizuschlagen. Alsdann erst gelangte der Zuschauer [...] zur Anschauung des blanken Kerns [...] Sobald nämlich der Meister Glockengießer den letzten Streich an seiner Glocke gethan, sollte die Form plötzlich zerspringen und alsdann überraschend Schiller's Büste zum Vorschein kommen, zugleich aber, wo sie sich den Augen darstellte, der anwesende Schiller selbst, versteht sich von zarten Händen, gekrönt werden.[157]

Wer seine Mitwirkung zugesagt hat, bereitet sich gewissenhaft vor. Wieland hat die Teilnahme versprochen, ebenso die Prinzessin Caroline, die Tochter des Herzogs. Und natürlich ist auch Schiller selbst eingeladen.

Goethe weiß von diesen Vorbereitungen, hält sich aber zurück. An der Feier selbst wird er nicht teilnehmen, er wird, wie üblich, wenn es ihm in Weimar zu brenzlig wird, in Jena weilen. Dies fördert jedoch allerlei Vermutungen, von denen wiederum Caroline Schlegel berichtet: „Es gehn die dümmsten Gerüchte und Urteile herum, Goethe soll neidisch sein, nicht sowohl auf Kotzebue als vielmehr auf Schiller, weil es dem galt".[158] Ob Goethe tatsächlich „neidisch" gewesen ist, mag dahingestellt bleiben, eine solche Haltung entspräche auch nicht seinem Charakter. Wohl macht er sich keine Illusionen, wozu das Ganze dienen sollte. In den *Tag- und Jahresheften* schreibt er: „Die Absicht war offenbar Aufsehen zu erregen, die Gesellschaft zu unterhalten, den Theilnehmenden zu schmeicheln, […] Schillers Wohlwollen zu erschleichen, mich durch ihn zu gewinnen, oder, wenn das nicht gelingen sollte, ihn von mir abzuziehen."[159]

Nun hat der Veranlasser dieser geplanten „Krönung", also Kotzebue, eine Schwierigkeit unberücksichtigt gelassen, die nämlich darin besteht, dass Schiller selbst solche öffentlichen Verherrlichungen zuwider sind. Dieser sagt seine Teilnahme nicht von vornherein ab, plant aber sich krank zu melden. Goethe weiß davon; noch zwei Jahrzehnte später äußert er sich gegenüber Eckermann zu dem Vorgang – und zwar im Zusammenhang jener denkwürdigen Aussage, es sei ein Glück für ihn gewesen, dass er Schiller gehabt habe:

> Schiller war, wie sich bei seinem großartigen Charakter denken läßt, […] ein entschiedener Feind aller hohlen Ehrenbezeigungen und aller faden Vergötterung die man mit ihm trieb oder treiben wollte. Als Kotzebue vorhatte eine öffentliche Demonstration zu seinem Ruhme zu veranstalten, war es ihm so zuwider, daß er vor innerem Ekel darüber fast krank wurde.[160]

Goethe sieht also „den Handel gelassen vorwärts gehen"[161]. Dass diese Feier dann kläglich scheitert, erfüllt ihn durchaus mit Schadenfreude – insbesondere deshalb, weil er seinen Beitrag dazu geliefert hat. Er hat sich nämlich mit Schiller abgesprochen, und als die Veranstalter darum bitten, die einzige Originalbüste, die in Weimar existiert, zur Verfügung zu stellen, lehnen beide dieses Ansinnen mit der Begründung ab, man habe „noch nie eine Gypsbüste unbeschädigt von einem Feste zurückerhalten."[162] Und als dann die Handwerker mit den ganzen Aufbauten anrücken, um wie geplant im Stadthaus eine Bühne zu errichten, finden sie den Saal verschlossen, und vom Bürgermeister erhalten sie die ernüchternde Nachricht, der neugelegte Fußboden würde allzu sehr unter dem „Aufschlagen eines Theaters" leiden. Alle Bitten und Versprechungen, gegebenenfalls Schadensersatz zu leisten, bleiben erfolglos. Die

Schillerfeier kann nicht stattfinden, die ganzen vielfältigen Vorbereitungen sind umsonst gewesen.

Die erwartungsfrohen Mitwirkenden, an erster Stelle Kotzebue selbst, fühlen sich zurecht bloßgestellt und zutiefst beleidigt, und als die Nachricht kursiert, Goethe stünde hinter den Weigerungen und Absagen, glaubt man schnell den Schuldigen ausgemacht zu haben. Noch lange hält sich die Überzeugung, Kotzebue habe die ‚Krönung' weniger in der Absicht geplant, Schiller seine Huldigung darzubringen, sondern, wie die Gräfin Egloffstein sich erinnert:

> [...] es sei ihm vielmehr darum zu tun gewesen, Goethen zu zeigen, daß es auch andere Götter neben ihm gäbe und den stolzen Günstling des Glückes zu demütigen, indem wir seinem bescheidenen Rivalen [Schiller] den ihm gebührenden Weihrauch streuten. Diese Absicht habe Goethe erraten und der Ausführung derselben durch einen Gewaltstreich zuvorkommen wollen, was ihm auch vollkommen gelungen sei.[163]

Diese Darstellung mag überzogen sein, was Goethes Reaktion betrifft. Er hat das ganze Treiben eher amüsiert zur Kenntnis genommen, und auch die Stimmung derjenigen Weimarer, die mit Kotzebue sympathisierten, hat ihn weitgehend kalt gelassen - solche Angriffe ist er gewohnt. Richtig ist allerdings, dass diese Schillerfeier durch die Umstände ihrer Vereitelung überhaupt erst zum Skandal wurde; hätte sie stattgefunden, wäre sie wohl bald wieder in Vergessenheit geraten. So kann Kotzebue erneut die verfolgte Unschuld mimen; immer wieder beteuert er, lediglich Schiller zu Ehren die Feier geplant zu haben, mit Goethe habe dies gar nichts zu tun. Caroline Schlegel berichtet darüber ihrem Mann, Kotzebue spiele „wieder vollständig die Rolle des Verfolgten und Beneideten."[164] Bemerkenswert: Auch Kotzebue scheint allen Ernstes überzeugt zu sein, Goethe *beneide* ihn, wohl wegen seines Erfolges.

Es gibt aber unter den Schauspielern und Ehrengästen, die nun wegen des Scheiterns der Feier nicht zum Zuge kamen, durchaus einige, die die Sache mit Humor nehmen. Es kursiert in Weimar ein Spottgedicht „Der Aschermittwoch in Weimar", vermutlich von der Gräfin Egloffstein selbst verfasst, dort heißt es:

Wer zieht die Straße dort entlang?
Was seufzt so tief? Was stöhnt so bang?
Ist's Hochverrath? Ist's Feindesnäh'?
Sagt, wem erklingt dies Ach und Weh?
O Freundin, ruft die Trauerschar,
Thaliens Tempel droht Gefahr.
Die Arbeitsleute stehn verdrossen;
Denn, ach! der Stadtsaal ist geschlossen...

Im Weiteren werden all die Schauspieler bzw. deren Rollen genannt, die sich um die Früchte ihrer intensiven und liebevollen Vorbereitung gebracht sehen, wie zum Beispiel die Agnes Sorel (aus der *Jungfrau von Orleans*), der die „Schreckenspost" zuteil wird:

Daß Agnes sanft und liebevoll
Trotz allem Reiz nicht spielen soll.

Und zum Schluss kommt das Gedicht zu der ironischen Erkenntnis, die verhinderte Aufführung sei ein himmlisches Strafgericht, da man vor einiger Zeit das Stück *Die Unglücklichen* von Kotzebue gespielt habe:

Denn wißt, daß wir, die jetzo leiden,
Auf dem Theater hier mit Freuden
Ein Stück vor Zeiten aufgeführt,
Das einen Unglücksnamen führt.
Ja, weil das Unglück wir gespielt
Und bei demselben nichts gefühlt,
So läßt uns für vergangene Sünden
Die Strafe jetzt ein Gott empfinden.

Anstatt in Pracht erscheinen wir
In Staub und Asch', Apoll, vor dir.[165]

Auch Goethe selbst nimmt die Sache mit Humor, von Jena aus gratuliert er Schiller zu der mutigen Tat des Bürgermeisters, den Schlüssel zum Festsaal nicht herausgegeben zu haben. Und Schiller selbst, erleichtert, dass die überzogene Ehrung vermieden werden konnte, hat die Angelegenheit ebenfalls eher von der heiteren Seite gesehen; es ist sogar ein Schwank seiner Frau Charlotte überliefert (*Der verunglückte 5. März*), in dem Kotzebue als „Herr Firlefanz" veralbert wird. Im Schlussauftritt heißt es dort: „Firlefanz und die ganze Gesellschaft geh[en] schweigend mit verbissenem Grimme ab".[166]

Somit hätte man das Ganze auf sich beruhen lassen können, zumal man sich auf der Weimarer Bühne schon bald danach, am 10. März, den Spaß erlaubt, Kotzebues Lustspiel *Üble Laune* aufzuführen. Aber da sich dann doch von Seiten der Kotzebue-Anhänger die Stimmung gegen Goethe richtet, der - ob zurecht oder nicht - als Urheber der Verhinderung angesehen wird, hat dieser keine Lust mehr, seine gesellige Veranstaltung weiterzuführen. Nach dem Übertritt insbesondere der weiblichen Teilnehmer des „Mittwochskränzchens" zu Kotzebues konkurrierenden Donnerstagabenden hat er ohnehin das Gefühl, dass „eine bedeutende höhere Gesellschaft [sich] auf der Seite des Widersachers" befände.[167] Dies bedeutet das Ende der Cour d'Amour.

Aufruhr in Krähwinkel

Das Donnerstagskränzchen wird hingegen zur Freude Kotzebues fortgesetzt. Bald jedoch wird ihm der Aufenthalt in Weimar infolge einer weiteren Auseinandersetzung mit Goethe verleidet. Hatte dieser bei der Verhinderung der Schillerfeier eher im Hintergrund gewirkt, so greift er jetzt aktiv in Kotzebues ureigenste Domäne ein. Es geht um dessen neues Theaterstück, *Die deutschen Kleinstädter*. Dieses „Lustspiel in vier Akten" handelt in einem fiktiven Ort namens Krähwinkel, aber jedem Leser ist klar, welche „Kleinstadt" damit gemeint ist. Hierzu noch einmal Caroline Schlegel. Nachdem sie August Wilhelm am 11. März über jene „dummsten Gerüchte und Urteile" wegen der geplatzten Schillerfeier informiert hat, fährt sie fort:

> Nun trifft noch ein andres Ereignis hiermit zusammen. Kotzebue hat ein Stück gegeben: „Die Kleinstädter" [...]. Goethe hat alle *Persönlichkeiten* darin gestrichen, und Du kannst Dir denken, auf wen diese gingen; ja sein Stück der Intrige darin deutet das weimarische Publikum auf eine Hausgeschichte von Goethe selbst. Kotzebue hat manches wegstreichen lassen, ist aber auf einigem bestanden, was Goethe durchaus nicht zugab. Nun nahm er das Stück ganz zurück. Über dieses kommt es in einem Konzert bei der Herzoginmutter zu einem Wortwechsel zwischen G. und K., in welchen sich Frau von Kotzebue mischt und versichert, ihr Mann solle nun gar nichts mehr aufs Theater in Weimar geben. Nicht genug, die alte Kotzebübin schreibt Goethen einen Brief – welchen, das magst Du ermessen. So ist der Gott unter die Fischweiber geraten! Er hat ihr geantwortet, und das müßte freilich lustig zu lesen sein. Dies hat die Alte ohne Vorwissen ihres Sohnes getan, welcher sich dem Teufel darüber ergeben wollen; allein es war geschehn. [...] Goethe hält sich denn doch tapfer gegen die Halunken und prononciert sich scharf. Es kann auch nicht schaden, daß er selbst einmal ins Handgemenge mit ihnen kommt. [...][168]

Dass Goethe ein ihm eingereichtes Stück einer Überarbeitung

unterzieht, ist durchaus üblich; das ist er sich und seinem Amt als Intendant gegenüber schuldig. Aber im Falle der *Kleinstädter* ist er besonders gründlich vorgegangen, und er sieht sich dazu durchaus berechtigt, denn er will „ein für allemal den Klatsch des Tages auf unserer Bühne nicht dulden, indeß der andern Partei gerade daran gelegen war sie zum Tummelplatz ihres Mißwollens zu entwürdigen". Deshalb habe er alles ausgestrichen, „was gegen die Personen gerichtet war, die mit mir in der Hauptsache übereinstimmten, wenn ich auch nicht jedes Verfahren billigen, noch ihre sämmtlichen Productionen lobenswerth finden konnte".[169] Als „Klatsch des Tages" hat er Textstellen im Sinn, die sich insbesondere gegen die Schlegelbrüder richten, zu denen er weiterhin hält, auch wenn in seinen Worten schon leichte Kritik anklingt.

Überhaupt hat er stets darauf geachtet, dass persönliche satirische Angriffe auf seinem Theater unterblieben. Obwohl er selbst ja, insbesondere in seiner Jugend, der bissigen Satire nicht abhold war - man denke etwa an sein Pamphlet *Götter, Helden und Wieland* und dann, zusammen mit Schiller, an die grimmigen ‚Gastgeschenke' (die *Xenien*) - bezeichnet er jetzt das Vermeiden direkter Angriffe auf Zeitgenossen als „eins der Hauptgesetze unsres Theaters": „Das Schauspiel soll eine heitre ästhetische Stimmung hervorbringen, die durch solche Realitäten durchaus gestört wird".[170] „Solche Realitäten" sieht er jedoch in Kotzebues neuestem Stück - und greift resolut durch.

Worum geht es in dem Stück? Und was erregte sein Missfallen?

Die *Deutschen Kleinstädter* waren anderswo bereits erfolgreich aufgeführt worden; Goethe war neugierig geworden und erbat sich die Handschrift. Das Stück ist nur eingeschränkt Kotzebues Erfindung; er hat zuvor ein französisches Lustspiel *La petite ville* eines gewissen Louis Picard, das 1801 in Paris uraufgeführt wurde, ins Deutsche übersetzt und daraus die Thematik, nämlich die sich aus der Konfrontation Stadt-Land ergeben-

Die deutschen Kleinstädter

den Probleme, übernommen. Der Stadt-Land-Kontrast war ja in Deutschland noch wesentlich ausgeprägter als in Frankreich, da es keine dominante Hauptstadt gab, sondern Dutzende von

Residenzen, in deren Umgebung sich die vernachlässigten und gesellschaftlich zurückgebliebenen Kleinstädte und Dörfer befanden.

„Krähwinkel", der fiktive Name der Kleinstadt, in der das Stück handelt, ist nachgerade zur Metapher für spießbürgerliche Lebensform geworden. Der Begriff ist wohl von Jean Paul erstmals in die Literatur eingebracht worden; die Verspottung kleinbürgerlicher Spießigkeit hat allerdings eine lange Tradition, die schon in der Antike begründet wurde, so etwa in den Epigrammen des Lukian über die thrakische Küstenstadt Abdera. Wieland hat in seinem Roman *Geschichte der Abderiten* (1774) diesen Namen aufgegriffen; er dürfte auch das *Lalebuch* von 1597 gekannt haben, in dem die ‚wunderseltsamen' und ‚unerhörten' Geschichten der Schildbürger niedergeschrieben waren. Dementsprechend bezieht die Handlung ihren Witz aus der Absurdität der Vorgänge, etwa aus dem Umstand, dass eine seit neun Jahren in Untersuchungshaft befindliche Kuhdiebin in Krähwinkel - oder im Nachbarort - an den Pranger gestellt werden soll... Im Mittelpunkt der Handlung steht eine einzige Familie mit Namen „Staar" (der Bürgermeister mit seinem Anhang sowie der als Schwiegersohn vorgesehene Bau-, Berg- und Weginspektorsubstitut Sperling): die Namen zeigen die Zugehörigkeit zu dem *Winkel,* in dem *Krähen* nisten, und der sperrige Titel Sperlings ist bei weitem nicht der einzige: Da gibt es einen Kreistrank-, Schock- und Quatembersteuer-, auch Imposteinnehmer, einen Geleits- und Landakzisenkommisarius, einen Floßstrafbefehlshaber, einen Runkelrübenkommissionsassessor, einen Supernumerarius-Rentkammerschreiber oder einen Generalpostgüterbeschauer usw. Ein Mensch ohne Titel ist nichts wert in Krähwinkel. In das unverrückbare Gefüge der Kleinstadt gerät erst Bewegung, als ein Besucher von außen - also der Residenz - erwartet wird, der zunächst irrtümlicherweise für einen inkognito reisenden Minister, vielleicht sogar für den König selbst, gehalten und wie ein Messias empfangen wird: So begrüßt ihn der Bürgermeister mit den an die Bibel erinnernden Worten: „Heil ist meinem Hause widerfahren! Heil der guten Stadt Krähwinkel!" (II, 2)[171] Doch bald stellt sich heraus, dass der angebliche Heilsbringer lediglich „Olmers" heißt – und nicht einmal einen Titel zu haben scheint! Da kehrt sich die Stimmung um; der Fremde ist jetzt ein „lockerer Zeisig" (II, 2)[172] (also nichts Besseres als sie selbst, eher das Gegenteil), ein „Grobian" (III, 5)[173], der sich nicht zu benehmen weiß, bloß weil er der verknöcherten Krähwinkeler Gesellschaft natürliche und vernünftige Ansichten entgegensetzt: „Aus einer frohen Gesellschaft sollte jeder Zwang verbannt sein." (III, 6)[174] Der Zuschauer weiß längst, dass die Bürgermeisterstochter Sabine, die ein Jahr in der Residenz gelebt hat und dort Olmers kennengelernt hat, heimlich in den Gast verliebt ist (und er in sie); den Nebenbuhler Sperling kann Olmers allerdings erst dann ausstechen, als er dem Bürgermeisterehepaar eröffnet, dass auch er einen Titel aufweisen kann, sogar den eines „Geheimen Kommissionsrates". Da ist er in den Augen der Krähwinkeler plötzlich „ein Muster von guter Lebensart" und darf Sabine natürlich heiraten. Sperling ist nicht lange traurig, da man Sabine auf offener Straße im Einvernehmen mit Olmers gesehen hat (welch ungebührliches Verhalten!); und als Sabine ihren früheren Verlobten sogar um ein Hochzeitsgedicht bittet, willigt er mit grimmiger Ironie ein: „Warte nur! eine Ehrenpforte will ich dir schreiben! ein Kunstwerk!" (IV, 12)[175]

Natürlich ist der Begriff der „Ehrenpforte" ein deutlicher satirischer Seitenhieb auf die Schlegels und deren Schmähschrift. So empfindet ihn auch Goethe – und er greift ein, aus „Ehrenpforte" wird „Strohkranzrede".[176] Dies ist aber, wie gesagt, bei Weitem nicht der einzige Eingriff. Kotzebue selbst hat im März 1803 in seiner Zeitschrift *Der Freimüthige* dazu Stellung genommen. Darin wird er auch grundsätzlich, und seine Ausführungen werfen ein bezeichnendes Licht auf sein Verhältnis zu Goethe. Dass er seine Manuskripte dem Hoftheater zu Weimar gerne mitgeteilt habe, sei „theils aus der Hochachtung und Bewunderung [entsprungen], die er schon seit seinen Knabenjahren für das Genie des Herrn von Göthe hegte, theils aus der Liebe zu seiner guten Vaterstadt und der edlen Fürstenfamilie, die sie beglückt". Da diese lobende Äußerung in Berlin, also außerhalb des Weimarer Einflusses, getan wird, ist sie wohl nicht als Ironie zu werten, eher - wie so oft - als Versuch der Rechtfertigung. Er habe sich auch bemüht, fährt er fort, alles sorgfältig auszustreichen, „was etwa den Einwohnern von Weimar, oder Herrn von Göthe selbst, hätte anstößig seyn können". Als Beispiel nennt er die getilgte Erwähnung des berühmten Räuberromans *Rinaldo Rinaldini* - dessen Verfasser war ja bekanntlich Christian August Vulpius, der Bruder der ‚Hausgenossin' Goethes, Christiane. Das Stück sei dann auch von der Direktion „gütig" aufgenommen worden, aber wenige Tage vor der Premiere habe er durch Zufall von Goethe selbst erfahren, dass dieser zahlreiche Streichungen vorgenommen habe. Er habe ihn daraufhin zur Rede gestellt, Goethe jedoch habe auf seinen Grundsatz verwiesen, „nichts auf seiner Bühne aussprechen zu lassen, was irgend eine Parthei bezeichne, oder überhaupt Beziehung auf neuere Litteratur habe." Er habe es mit ihm nicht verderben wollen und habe darum gebeten, die Streichungen zur Kenntnis nehmen zu dürfen. Dies sei ihm gestattet worden, und er habe zu seinem Erstaunen festgestellt, dass es sich um völlig unbedeutende Änderungen handelte. Daraufhin habe er sich für die Beibehaltung der ursprünglichen Formulierungen eingesetzt - vergeblich; zum Schluss habe er lediglich auf einer einzigen Stelle bestanden, nämlich eben jener „Ehrenpforte", denn deren Verfasser, August Wilhelm Schlegel, habe „ja selbst die noble Bescheidenheit gehabt [...], sie in öffentlichen Blättern für ein *Kunstwerk* zu erklären [und] er [könne] sich also keineswegs durch Erwähnung derselben beleidigt finden."[177] Er habe es sogar gewagt Goethe daran zu erinnern, dass dieser selbst auf seiner Bühne Verspottungen zugelassen habe, etwa der Gurli aus den *Indianern in England*. Als Goethe sich unnachgiebig gezeigt habe, sei ihm nichts anderes übriggeblieben als das Stück zurückzunehmen.

Um seinen Standpunkt zu bekräftigen, führt Kotzebue im Weiteren die inkriminierten Stellen nebst Goethes Änderungen an. Man wird nicht anders können, als ihm recht zu geben. Goethes Eingriffe erscheinen pedantisch, teilweise kraft- und humorlos, er hat zahlreiche satirische Spitzen geglättet und diese damit auf Kosten der dramatischen Wirkung entschärft. Und was die „Ehrenpforte" betrifft, wird man Kotzebue sicherlich auch die Berechtigung zugestehen, die satirischen Angriffe Schlegels mit gleicher Münze heimzuzahlen. Insofern kommt Kotzebue zu der nachvollziehbaren Erkenntnis, der „wahre Hergang der Sache" stelle „Herrn von Göthe doch abermals als einen warmen Freund seiner Freunde"[178] – also der Romantikerclique – dar. Böttiger sieht dies genauso, in einem Brief vom 8. März 1802 bezeichnet er Goethes Korrekturen an Kotzebues „neuestem, echt komischen Stücke" als „eigenmächtig": sie hätten Stellen betroffen, in denen „Goethe Anspielungen auf seine Lieblinge, die Schlegel, witterte", und er glaubt feststellen zu können, dass „die Eingebungen der Schellingisch-Schlegelschen Clique, [...] ihn täglich herrischer und gewaltsamer in seinen Maßregeln" mache[179]. Naturgemäß beurteilt dies Caroline Schlegel anders, für die die Gegner „Halunken" sind. Allerdings scheint sie sich angesichts der unwürdigen Streitereien, in die sich auch Frau Kotzebue und sogar dessen Mutter einmischen, so dass „Gott unter die Fischweiber geraten" sei, einer gewissen Schadenfreude nicht enthalten zu können; schließlich schade es nicht, dass auch der ‚gottgleiche' Goethe sich mit profanen Dingen herumschlagen muss... In der Tat hat sich Goethe in seiner Verärgerung dazu hinreißen lassen, der Mutter Kotzebues gegenüber (der „Kotzebübin", wie Caroline Schlegel neckisch schreibt) sich deren – im besagten „pöbelhaften Brief" – „unüberlegten Zudringlichkeiten" und „Unhöflichkeiten" in einem ungewöhnlich scharf formulierten Billett zu verbitten.[180]

Die *Kleinstädter* werden jedenfalls nicht am Hoftheater gegeben, sondern später in Berlin; Kotzebue bittet den Regisseur Iffland ausdrücklich, die von Goethe inkriminierten Anspielungen beizubehalten. Und er versucht sogar Schiller in die Auseinandersetzung einzubeziehen: So ganz hat er offensichtlich den alten Plan, Zwietracht zwischen den beiden Olympiern zu säen, nicht aufgegeben. Doch Schiller antwortet diplomatisch, er sehe nichts Willkürliches in den Maßnahmen Goethes, und das Stück habe wegen der Streichungen nichts von seinem theatralischen Wert verloren.

Das Tischtuch ist jedenfalls zerschnitten, und die Auseinandersetzung nimmt an Schärfe zu. Kotzebue verlässt erneut Weimar. Er will nicht wahrhaben, dass er eine Niederlage erlitten hat, er fühlt sich als zu Unrecht Verfolgter. Andererseits ist fraglich, ob die ganze Affäre als ‚Sieg' Goethes bezeichnet werden kann. Er ist sichtlich erleichtert, den Gegner aus dem Feld geschlagen zu haben. Aber es gibt auch eine verräterische Bemerkung, von der wiederum Caroline Schlegel berichtet. In einem Brief an ihren Mann vom 18. März 1802 gibt sie eine Äußerung Goethes gegenüber Schelling wieder: „Ja, die Kleinstädter [das Theaterstück] wären den Kleinstädtern [den Weimarer Zuschauern] sehr gefährlich gewesen."[181] Die Weimarer Kleinstädter – das klingt doch etwas abschätzig. Und die ‚Gefahr' mag darin bestanden haben, dass die Zuschauer aus der indirekten Kritik der Satire doch die richtigen Schlüsse hätten ziehen können: Sie hätten sich, nach der Erfahrung mit den missglückten Stücken der Schlegels, sich sicherlich herzlich über Kotzebues „Ehrenpforte" als gelungene Revanche belustigt …

Ein Freimütiger

Der Streit um die Stücke der Schlegelbrüder, der persönlich ausgetragene Streit wegen der Änderungen Goethes am *Kleinstädter*-Manuskript, die zahlreichen Aufregungen und Zwistigkeiten wegen der verhinderten Schillerfeier hallen noch eine Zeitlang nach, entbehren aber der Schärfe, da Kotzebue das Weimarer Feld geräumt hat. In Berlin bringt man ihm die Verehrung entgegen, derer er glaubt würdig zu sein. Er findet dort auch neue Verbündete. Iffland, der große Schauspieler, der in Mannheim als Regisseur bahnbrechend gearbeitet hat, ist jetzt am Berliner Nationaltheater tätig, und dort liebt man nicht nur seine eigenen Stücke, sondern besonders auch die des Weimarer Dichters. Dann intensiviert Kotzebue die Bekanntschaft und Zusammenarbeit mit dem aus dem Baltikum stammenden Publizisten und Schriftsteller Garlieb Hervig Merkel, mit dem er ab 1803 die Zeitschrift *Der Freimüthige* herausgibt. Bereits im Oktober 1802 hat er an Böttiger berichtet, mit der neuen Zeitung werde es nun „gewaltig Ernst“, neben Merkel habe er auch Iffland dafür gewonnen, und er erbitte „die Actenstücke in der Sache des Jon nämlich Ihre Recension, *da* wäre sie recht an ihrer Stelle, und ich hoffe, Sie werden einen Menschen nicht länger schonen, der es so wenig verdient.“[182] Mit diesem „Menschen“ ist augenscheinlich August Wilhelm Schlegel gemeint, aber die Spitze richtet sich natürlich auch gegen Goethe. – Der Aufforderung kommt dann ja Böttiger nach; die Rezension erscheint 1803 im *Freimüthigen*.

Garlieb Merkel ist ebenfalls als Gegner der romantischen Schule, insbesondere der Schlegelbrüder, hervorgetreten, sei es mit kritischen Rezensionen und Spottversen, in denen er sie „A. W. und Fr. Flegel“ nennt, sei es auch mit der Verbreitung von Unwahrheiten: So habe, behauptet er, der Herzog Carl August – wohl auf Anregung Goethes – die Herausgeber des *Athenäums* angewiesen, fürderhin literarische Satiren zu unterlassen.

Garlieb Merkel
S. 122/123: Die neuere Ästhetik

Das hatte natürlich die Schlegels erst recht gereizt und sie haben sich mit bissigen Sonetten über Merkel belustigt, dessen geringe Körpergröße sie zu dem Wortspiel verleitete: „Merklich zeigt er verkleinernde Natur".[183] Die Sache schaukelt sich hoch, und bald erscheint im *Freimüthigen* eine ganzseitige bunte Karikatur: „Die neuere Ästhetik", als deren Zeichner Merkel selbst gilt und der sich eine „Erklärung der Karikatur" von Kotzebue anschließt.[184] Im gleichen Zeitraum veröffentlicht Merkel eine weitere Karikatur in seiner Zeitschrift *Ansichten der Literatur und Kunst unseres Zeitalters,* 1. Heft: den „Versuch auf den Parnaß zu gelangen". Zeichner ist Johann Gottfried Schadow.

Als die „neuere Ästhetik" - gemeint ist die romantische Bewegung - in Merkels Zeichnung zeigt sich ein in Nebel gehülltes grinsendes Weib; „klar" an der Figur sind lediglich ihr Hängebusen und der nackte Hintern, offensichtlich Anspielungen auf ihre Amoralität. Führer des „Triumphwagens" ist der korpulente Goethe, den eine Papstkrone als Hinweis auf seine Unfehlbarkeit ziert; aus seinem Schoß lugt der kleine Wechselbalg, Friedrich Schlegels Alarcos, heraus. Zwei Männer mit Eselsköpfen - nach Kotzebues „Erklärung" somit „Hyperboreer" - ziehen den Wagen, der rücksichtlos und vernichtend über zahlreiche Schriftstücke hinwegrollt, zu erkennen sind die Aufschriften Wieland, Lessing, Klopstock, Voltaire, Racine, Euripides und andere, auch Böttiger und Kotzebue sind dabei. Der „Natur", dargestellt als auf dem Boden liegende Skulptur mit zahlreichen nährenden Brüsten, ist übel mitgespielt worden, denn ihr sind beide Hände abgefahren worden. Dem Euripides ist der Lorbeerkranz abhandengekommen, um den Lorbeer streiten sich die Schlegelbrüder; in diese Rauferei mischt sich auch Tiecks gestiefelter Kater ein. Die vier in den Lüften schwebenden Figuren, darunter ein feister Mönch, sollen nach Kotzebue „die vier Schlegelschen Gottheiten [darstellen]: *Faulheit, Frechheit, Grobheit* und *Zorn*". Sie verkünden der Welt: „Dies ist unsre liebe Tochter, an der wir Wohlgefallen haben". Ihr Ge-

Aesthetischer Restaura-
teur
Euripides

Alte Rheinweine
Klopstock
Delille
Milton
Ramler
Wieland
Voltaire

sang wird begleitet von einer Tuba, in die der Wundervogel Greif bläst. – Zahlreiche weitere Anspielungen komplettieren den Angriff auf die Romantiker und deren Protektor Goethe.

So stolz Kotzebue selbst auf dieses Werk gewesen sein mag: zahlreiche Zeitgenossen fanden es eher degoutant; selbst der Verleger des *Freimüthigen* soll sich für Kotzebues „skurrile, kleinliche Rachsucht" geschämt haben.[185] Und sogar Merkel selbst hat sich später davon distanziert.

Wenig später (im September 1803) erscheint in der Zeitung für die elegante Welt ein Artikel eines gewissen Johann Gottlieb Spazier: „Auch eine Erklärung der Karikatur im Freimüthigen des Hrn. von Kotzebue".[186] Der Verfasser hält allerdings den feisten Wagenlenker für Kotzebue selbst; in den Figuren hinter dem Triumphwagen glaubt er lauter Figuren aus Kotzebues Stücken identifizieren zu können, so hält er die „freche Dirne" mit dem entblößten Rücken für die „mannstolle Gurly".[187] – Einig mit Merkel und dem angeblich durch die Karikatur verspotteten Kotzebue ist der Verfasser in seiner Gegnerschaft zu Goethe. Er hat sich zuvor über die Kälte beklagt, mit der Goethe ihn bei einem Besuch in Weimar empfangen hat. – Überall spielen also persönliche Empfindlichkeiten eine Rolle.

Johann Gottfried Schadow und Merkel kannten sich aus Freimaurerkreisen. Schadows Karikatur „Versuch auf den Parnaß zu gelangen" stellt ebenfalls einen satirischen Angriff auf die Romantiker dar. Goethe selbst steht hier allerdings nicht im Zentrum der Kritik, er erscheint lediglich als beobachtende Nebenfigur. Schadow geht mit ihm respektvoller um als Merkel und Kotzebue in deren Zeichnung, obwohl auch er wegen einiger Differenzen mit Goethe in künstlerischen Dingen Anlass gehabt hätte ihn anzugreifen.

Die Szenerie zeigt teilweise das gleiche Personal wie die „Neuere Ästhetik": Es sind die Romantiker, die versuchen, auf den „Parnaß", also den Sitz der Musen, zu gelangen. Identifizierbar sind der voranschreitende August Wilhelm Schlegel, der auf seinem gestiefelten Kater reitende Tieck, der mit einem Heiligenschein versehene (bereits verstorbene) Novalis, der auf dem Kopf stehende Friedrich Schlegel... Der merkwürdigen Gruppe, die von einer Passantenschar teils bestaunt, teils angebetet wird, stellt sich auf der linken Seite der Dreschflegel schwingende Kotzebue mit seinen Gegenwind blasenden Anhängern entgehen: Er scheint also den Parnaß bereits erobert zu haben und verteidigt ihn. Sein Ausruf „Elende!" ist als einzige Aufschrift nicht spiegelverkehrt gedruckt. Auf der anderen Seite schwingt eine hexenhafte Alte, die die *Zeitung für die elegante Welt* verkörpern soll, eine Mistgabel, ihre Anhänger blasen in die unterschiedlichsten Richtungen, einer davon auf das etwas abseits stehende Paar, das den in einen weiten Umhang eingehüllten Goethe mit seiner Begleiterin Amalie von Imhoff darstellen soll. Dominant im Vordergrund steht der vierkantige Merkel selbst, mit einer Peitsche die Romantiker-Clique vor sich hertreibend.

In seinem Artikel „Ansichten der Literatur und Kunst" kommenticrt und erläutert Merkel die Zeichnung ausgiebig, und in einem „Epilog" geht er auf Goethes Position ein:

> Auf der vorliegenden Ansicht steht der etwas zurückziehende, in einen großen Mantel gehüllte Epilogus da. Die Dame - die holde Mutter zweier reitzenden Schwestern - scheint ihn nur des Amüsements wegen zu begleiten.[188] Aber - warum hüllt er sich in seinen Mantel, und sieht so in die Ferne? Offensichtlich hat er doch Wohlgefallen an dem Zuge [...]. Freilich steht er [...] eine Stufe höher, als die Ebene liegt, auf welcher der Zug sich fortbewegt; doch - nur ein herzhafter Sprung, und er stände mitten im Zuge, wie der Meister unter den Jüngern! Schon oft hat man diesen Sprung prophezeit, schon oft haben die Jünger [...] gehofft, daß er ihnen erscheinen würde; aber noch immer steht er in der Ferne, und hüllt sich in seinen Mantel! - Gern zögen wir ihm diese Hülle ab, und zwängen ihn zu reden - um zu erfahren, ob es *Spaß* oder *Ernst* sey [...][189]

Hier ist leichter Spott wegen des „Wohlgefallens" Goethes an den Romantikern zu spüren, aber auch Respekt. Seine Zurück-

Versuch, auf den Parnaß zu gelangen; August Wilhelm in erster Reihe auf Schadows Romantiker-Karikatur.

haltung beeindruckt Merkel und Schadow, obwohl sie nicht recht zu beurteilen vermögen, wie ernst es Goethe damit ist, Anführer der jungen Generation zu werden oder zu sein.

Goethe reagiert zunächst unwirsch auf diese Karikatur. Gegenüber Friedrich Tieck, dem Bruder des Dichters, spricht er von „Buben, die sich unterfangen".[190] Ein „Bube", und zwar ein „Lausbub", sei wohl der Urheber, äußert er auch sich gegenüber Schelling; dieser beeilt sich aber zu erläutern, dass in Goethes heimatlichem Dialekt „Lausbub“ jemand sei, der „kein übles Ingenium“ habe.[191] Es hat ihn wohl zunächst geärgert, dass der Weimarer Hof, allen voran der Herzog selbst, sich über Zeichnung und Text amüsiert und ihn damit aufzieht.

Kotzebue und Merkel haben sich in der Folgezeit zerstritten. Nachdem ein übles Pasquill mit dem Titel *Expectorationen. Ein Kunstwerk und zugleich ein Vorspiel zum Alarcos* 1803 in Berlin erscheint, das viele an den *Doctor Bahrdt* erinnert, wird allgemein, zum Beispiel auch von Spazier, behauptet, Kotzebue sei der Verfasser, obgleich dieser es abstreitet. Merkel verteidigt diese Schrift zunächst, rückt aber später davon ab. Und in der *Zeitung für die elegante Welt* wird die Schrift als eine „elende Scharteke“ bezeichnet, in der „Schmutz und Pöbelhaftigkeit“ sowie „Geistes- und Witzesarmuth“ vorherrschten.[192] Kotzebues eigene Zeitschrift, der *Freimüthige*, geht zu ihm, der gerade in Paris weilt, auf Distanz; später gibt sie Merkel allein heraus.

Diese „Expectorationen“ (also „Auswürfe“) enthalten, in Knittelversen zusammengefasst, alle die Spitzen und Invektiven, die in den vorherigen Nummern des *Freimüthigen* gegen Goethe und die Schlegels vorgebracht worden sind. Insofern wird die Verfasserschaft Kotzebues nirgends angezweifelt. Es treten auf: „GÖTHE, der Grosse! / FALCK, der Kleine / A. W. SCHLEGEL, der Wütende / FR. SCHLEGEL, der Rasende“ sowie „Mehrere stumme, gekochte und gebratene Personen“.[193] Die Humorschwelle wird deutlich überschritten. Goethe tritt als widerlicher, eitler Mensch auf, dem es eine Lust ist sich schmeicheln zu lassen; die Schlegels und Falk sind die Speichellecker. Zu den „gekochten und gebratenen Personen“ gehören auch Böttiger, Merkel und Kotzebue. Gerade Letzterer ist eben *kein* Anbeter, weshalb Goethe ihm ein Angebot macht:

> […] will Kotzebue […]
> Zu meinen Füßen in Demuth ruhn,
> Und will er dem kecken Wahn entsagen,
> Auf eigenen Beinen sich zu tragen,

Und will er nur loben mich, mich, mich,
Und wiederum mich, und wiederum mich,
So sey ihm verziehn, er mag kommen,
Er ist zu Gnaden angenommen.[194]

Die Brüder Schlegel glauben aber nicht an ein Besinnen Kotzebues. Sie knien vor ihrem „Gott" nieder und „beten mit Inbrunst":

[...] lieber Gott! vertilge du
Mit Feuer und Schwerdt, durch Gift und Pest,
Was sich nicht imponieren läßt,
Besonders den verwegnen Kotzebu!
Zerstöre sein verdammtes Glück,
Ehe vor Neid wir alle bersten,
Und send' ihn auf 300 Wersten
Flugs nach Sibirien zurück![195]

Und sie enden mit „Kyrie, Eleyson!"[196] Diese allzu heftige Schmähschrift hat, wie gesagt, selbst seine Weggenossen gegen Kotzebue aufgebracht; da er die Autorschaft nach wie vor verleugnet, geht Spazier sogar gerichtlich gegen ihn vor. Bei weiteren Pasquillen, die dann - wenn auch meist zu Unrecht - Kotzebue zugeschrieben werden, finden sich im *Freimüthigen* ablehnende Kommentare, so heißt es über das Pasquill *Die ästhetische Prügeley / oder / Der Freimüthige / im Faustkampf mit dem Eleganten*, über diese Broschüre könne man lachen, wenn sie witzig wäre. Der Verfasse haue „alles in die Pfanne".[197] Die billigen Wortspiele mit den Namen (die Schlegels als die „Flegels" usw.) seien einfach nur peinlich. - Ein weiteres Pasquill erscheint Anfang 1804 unter dem Titel: *Freimüthigkeiten. Ein Seitenstück zu den Expektorationen und zugleich ein blöder Mibewerber um den von Herrn v. Kotzebue ausgesetzten Preis für das beste Lustspiel* mit dem fiktiven Erscheinungort „Abdera [o. J.]" Merkel selbst rezensiert die Schrift, stellt ihre „alberne Schiefheit" heraus und bezeichnet den Verfasser als einen „durch Opium zerrüttete[n] Kranke[n]“. Sicherlich ist seine negative Beurteilung auf den Umstand zurückzuführen, dass nicht nur Goethe und andere verspottet werden, sondern auch er selbst als „Kritiker Hilarius“.[198]

Goethes Ärger über diese in Berlin ausgetragenen Streitereien hält sich in Grenzen. Zwar findet Böttiger nach der im *Freimüthigen* veröffentlichen *Ion*-Rezension keine Gnade mehr vor seinen Augen, die Pasquillen der Kotzebue, Merkel und Spazier haben ihn letztlich doch mehr belustigt als empört. Dafür spricht ein nachsichtig-spöttisches Gedicht aus seinem Nachlass, das 1803/04 entstanden sein dürfte:

Ultimatum

Wollt', ich lebte noch hundert Jahr
Gesund und froh, wie ich meistens war;
Merkel, Spazier und Kotzebue
Hätten auch so lange keine Ruh,
Müßten's collegialisch treiben,
Täglich ein Pasquill auf mich schreiben.
Das würde nun für's nächste Leben
Sechsunddreißigtausend fünfhundert geben,
Und bei der schönen runden Zahl
Rechn' ich die Schalttäg' nicht einmal.
Gern würd' ich dieses holde Wesen
Zu Abend auf dem Nachtstuhl lesen,
Grobe Worte, gelind Papier
Nach Würdigkeit bedienen hier;
Dann legt' ich ruhig, nach wie vor,
In Gottes Namen mich auf's Ohr.[199]

„Ich bin sein wahrer Verehrer"

Man mag Kotzebues Aktivitäten belächeln oder auch verurteilen. Es steht jedoch fest, dass sein literarisches Sinnen und Trachten darauf ausgerichtet ist, als Dichter anerkannt zu sein – und dies nicht nur vom Publikum, sondern eben auch von den Geistesgrößen seiner Zeit. Diesen versucht er es gleichzutun, und zwar unermüdlich; und dort, wo er auf Gleichgültigkeit oder gar Ablehnung stößt, wird er schnell aggressiv. Seine Lust zur Satire, die sich in seinen frühesten literarischen Versuchen zeigte, verführt ihn oft zu Übertreibungen, die wiederum Kritik hervorrufen, und streitbar, wie er ist, lässt er diese dann nicht unbeantwortet... Es ist ihm nicht gegeben, sich zurückzuhalten oder sich zurückzuziehen, stets muss er auf Angriffe mit immer derberen Gegenattacken reagieren. Hinzu kommt eine verhängnisvolle Neigung, seine Polemik anderen unterzuschieben; dies zeigt die Auseinandersetzung um den *Doctor Bahrdt*, in der er sogar einen unbescholtenen Mann - Knigge - als Autor angab, in deutlicher Weise. Die Leugnung der eigenen Urheberschaft über längere Zeit hat seinem literarischen Ruf nicht wenig geschadet, dennoch hat er sich bei den *Expectorationen* genauso verhalten.

Nach den Enttäuschungen und Zurücksetzungen, die er mit Goethe erlebte, sind ihm wohl einige Triumphe über den Weimarer Konterpart gelungen, etwa indem er mit seinem „Donnerstagskränzchen" das ambitionierte „Mittwochskränzchen" Goethes übertrumpfte. In solchen Situationen hat Goethe, der auf Kritik, zumal aus den eigenen Reihe, empfindlich reagierte, sich ebenfalls zu unsachlichen Reaktionen hinreißen lassen, im Wesentlichen aber war ihm die öffentliche Meinung gleichgültig. Dies markiert den größten Unterschied zwischen den Beiden, denn Kotzebue war zeitlebens vom Publikum abhängig und nutzte jede Gelegenheit, dieses auf seine Seite zu ziehen. Dem scheinbar unnahbaren Goethe war nur mit Spott bei zu bekommen, und vielen von Kotzebues Anhängern waren derartige Angriffe hochwillkommen, gerade wenn sie bestrebt waren, die menschlichen Schwächen des Götterlieblings bloßzustellen.

Dies ändert nichts daran, dass Kotzebue, so widersprüchlich dies klingen mag, die von Kindheit an gehegte Bewunderung gegenüber Goethe nie abgelegt hat. Des Öfteren tut er kund, er betrachte sich keineswegs als ein „Feind" Goethes. Schon im ersten Jahrgang des *Freimüthigen* verkündet er, er achte „wie jeder andere gebildete Mensch in Deutschland das Genie und die Verdienste des großen Dichters Goethe allzu hoch, um an ihm die Pflicht der Freimütigkeit jemals anders als höchst ungern zu erfüllen"[200], und er wehrt sich - wie wir gesehen haben, vergeblich - gegen das Gerücht, zusammen mit Böttiger, Merkel und anderen eine „Allianz" gegen Goethe geschlossen zu haben. Und noch 1818 versichert er:

> Ich bin keines Menschen literarischer Feind, am wenigsten Goethes. Ich finde schön und gut, was wirklich schön und gut ist […]. Ich bin kein blinder Anbeter und Nachbeter von Goethe (die er auch gewiß selbst nicht achtet), aber ich bin sein wahrer Verehrer und verdanke vielen seiner Werke hohen Genuß.[201]

Solche Äußerungen sind sicherlich nicht ironisch zu verstehen. In ihnen drückt sich vor allem die Enttäuschung aus, dass der Verehrte sich von „Anbetern und Nachbetern" umschmeicheln ließ und deren Mediokrität dabei übersah. Dies hat nicht nur Kotzebue beklagt. Die Zahl der von Goethe Enttäuschten und Missverstandenen ist legendär; viele haben sich an seinem herrischen Wesen und seiner deutlich zur Schau gestellten Eitelkeit gestört oder sind gar daran zerbrochen.

Aber es klingt bei Kotzebue natürlich auch der Wunsch an: Hätte Goethe sich doch eher *ihm*, dem wahren Talent, zuwenden sollen, hätte er doch sehen sollen, dass *seine*, Kotzebues, Stücke und nicht die unglücklichen Versuche der Schlegels und anderer den Nerv der Zeit treffen! Es muss ihm absurd vorgekommen sein, als hochgeachteter, vielfach ausgezeichneter und von Kaiser und Königen empfangener Dichter ausgerechnet in seiner Heimatstadt missachtet zu werden, obwohl gerade dort seine Stücke hundertfach aufgeführt werden. Seufzend spricht er von der Weimarer „Theaterdespotie" und erinnert wiederholt an die unglückselige Rolle, die Goethe bei der Unterdrückung von Böttigers *Ion*-Rezension spielte.

Lobende Worte werden verdunkelt durch die vielen ins Persönliche gehenden und dann geradezu diffamierenden Angriffe, zu denen sich Kotzebue allzu oft hat hinreißen lassen. Und es dürfte ihm wohl auch am wahren Verständnis etwa für die *Iphigenie* oder den *Tasso*, die er pflichtschuldig von der Kritik ausnimmt und scheinheilig als „Meisterstücke" lobt, gefehlt haben. Sein Maßstab ist der Publikumserfolg. Er geriert sich als der Zukurzgekommene, der es eigentlich verdient gehabt hätte, mit Goethe auf eine Stufe oder sogar, im Hinblick eben auf den Erfolg, über diesen gestellt zu werden. Und in gespieltem Wohlwollen verkündet er frech im *Freimüthigen* (1803): „Sobald G[oethe] wieder etwas Lobenswertes tut, sollen Sie sehen, wie herzlich ich ihn loben werde."[202]

Sehr viel „Lobenswertes" hat er allerdings, zumindest in der Zeit des *Freimüthigen,* nicht vorzutragen. Im Gegenteil: Viele der dramatischen Werke Goethes werden dort verspottet und als minderwertiger als die Schillers bezeichnet; schließlich ist das Drama Kotzebues Domäne. Allerdings wagt er sich mit seinem Spott nur an Nebenwerke heran, wie etwa das Vorspiel *Was wir bringen* zur Eröffnung des Lauchstädter Theaters, nicht an die klassischen Dramen oder den *Faust*. Auch anderes findet seine Missbilligung. In einem recht peinlichen Artikel „Beweis, daß Herr Goethe kein Deutsch versteht" führt er sich als penibler Schulmeister auf und glaubt, Goethe zahlreiche Verstöße gegen die deutsche Sprache nachweisen zu können.

Literarische Auseinandersetzungen finden nicht nur in Form von Kritiken, Stellungnahmen, Satiren oder „Pasquillen" statt.

Auch in den eigenen dichterischen Erzeugnissen gibt es Widerspiegelungen, die der literaturkundige Leser oder Zuschauer als Anspielungen und Bezugnahmen zu erkennen vermag. Manche Bezüge sind eindeutig zu erkennen und eigentlich belanglos. So muss beispielsweise in einer Novelle Kotzebues ein Mädchen bei der Lektüre des *Reineke Fuchs* heftig gähnen. Andere sind vielschichtiger. Von diesen soll ein Beispiel hervorgehoben werden, das eine Thematik behandelt, die sowohl von Goethe als auch von Kotzebue dichterisch - und zwar jeweils zweimal - gestaltet worden ist.

Es geht um die Dramen *Stella* von Goethe und *La Peyrouse* von Kotzebue. Beide behandeln das Thema einer „Ménage à trois“, also der Liebe eines Mannes zu zwei Frauen.

Titelvignette zu Goethes Stella. Zur Schlussszene. Cäcilie führt Stella dem Fernando wieder zu.

Stella. Ein Schauspiel für Liebende in fünf Akten ist 1775 entstanden und 1776 uraufgeführt worden. In Weimar brachte Goethe 1806 eine zweite Fassung auf die Bühne, die sich von der früheren durch ihr tragisches Ende unterscheidet. – Die Baronesse Stella erwartet den nach langer Zeit wiederkehrenden Geliebten Fernando, gleichzeitig bewirbt sich Cäcilie mit deren Tochter Lucie um eine Stelle bei der Baronesse. Was die Beteiligten nicht wissen: Cäcilie ist früher mit Fernando verheiratet gewesen, Lucie ist beider Tochter. Es kommt zur unvermeidlichen Konfrontation, Fernando ist zwischen den beiden Frauen hin- und hergerissen. Er will beide nicht verlieren. Nach zahlreichen Gewissensprüfungen, reumütigen Selbstbezichtigungen und Zweifeln beschließen sie zusammenzubleiben, da beide Frauen ein Anrecht auf Fernando haben. In der Weimarer Zweitfassung begehen Stella und Fernando Selbstmord.

Verständlicherweise hat der in der empfindsamen Zeit um 1775 als unmoralisch empfundene Schluss der Erstfassung Empörung ausgelöst. Goethe hat versucht, solchen Skrupeln vorzubauen, indem er Cäcilie die Sage vom „Grafen von Gleichen“ erzählen lässt. Dieser soll ein Kreuzfahrer gewesen sein, der im Morgenland gefangen genommen wurde und von einer jungen Heidin, die sich in ihn verliebt, gerettet wird. Er nimmt sie mit nach Hause, und die edelmütige Gattin erkennt deren Recht auf ihren Gatten an: „Nimm ihn ganz!“, ruft sie ihr zu. Dies ist jedoch kein Verzicht, denn sie spricht weiter: „Laß ihn mir ganz! Jede soll ihn haben, ohne der andern was zu rauben“. Cäcilie fasst den Fortgang der Sage wie folgt zusammen: „Und Gott im Himmel freute sich der Liebe, und sein heiliger Statthalter sprach seinen Segen dazu. Und ihr Glück, und ihre Liebe faßte selig Eine Wohnung, Ein Bett, und Ein Grab.“[203] Goethe insinuiert somit, dass eine derartige Verbindung durchaus, sogar mit dem Segen des Papstes, möglich sei. – In Weimar ist er dann davon abgerückt; zwar erzählt auch in der Spätfassung Cäcilie die Sage, aber Goethe gestaltet dennoch den Schluss tragisch um.

Der Graf von Gleichen. Romantische Volkssage

Kotzebue lernt die Sage vom Ritter Gleichen schon in früher Kindheit kennen, sein Onkel Musäus hat sie in den *Volksmärchen der Deutschen* wiedergegeben. Das Motiv einer solchen „Ménage à trois" ist in der Literatur des 18. Jahrhunderts mehrfach aufgegriffen worden; eine derartige unbürgerliche Lösung des Konflikts scheint die Leser fasziniert zu haben. Im Jahr 1795 entsteht sein Drama *La Peyrouse*.

Im *Intelligenzblatt der Allgemeinen Literatur-Zeitung* vom 15. April und dann vom 20. Juni 1795 hat Kotzebue von einer Expedition gelesen, die sich auf den Weg in die Südsee machte, um nach dem verschollenen Seefahrer La Peyrouse zu suchen. An Bord des Schiffes befand sich auch dessen Frau und der etwa achtjährige Sohn; die Suche verlief letztlich erfolglos. – Kotzebues Affinität zu exotischen Gegenden und Menschen kann sich hier in seiner Phantasie ausleben: Das Suchschiff legt an einer einsamen Südseeinsel an, auf der tatsächlich der Verschollene lebt; er ist von einer „jungen Wilden" gerettet und gepflegt worden. Aus ihrer Verbindung ist ein etwa siebenjähriger Sohn hervorgegangen. Beide Frauen überbieten sich in Edelmut, beide wollen der jeweils anderen den geliebten Mann zusprechen. Zum Schluss einigen sie sich, in einer Art geschwisterlicher Verbindung gemeinsam auf der Südseeinsel zu bleiben, da dem adeligen La Peyrouse die Rückkehr nach Frankreich, das sich derzeit in Revolutionswirren befindet, ohnehin verwehrt ist.

Dieses (angebliche) geschwisterliche Zusammenleben als Chiffre für die ‚Ehe zu dritt' hat die Zeitgenossen nicht davon abgehalten, das Stück als höchst unmoralisch anzusehen. Obwohl Kotzebue es für eines seiner besten Stücke hält, wird es nur wenig aufgeführt, in Wien fällt es gar der Zensur zum Opfer. Deshalb hat auch er den Schluss umgearbeitet, die Eingeborene vergiftet sich, nicht ohne vorher ihren Sohn der Gattin La Peyrouses anempfohlen zu haben. Die bürgerliche ‚Ordnung' ist wiederhergestellt.

Dies sind schon bemerkenswerte Parallelen zwischen Goethes und Kotzebues Dramen, wären Goethe aber sicherlich gleichgültig gewesen, wenn nicht Kotzebue noch einen deutlichen Affront unternommen hätte. Er greift das Thema nämlich in einem weiteren Stück auf: *Der Graf von Gleichen. Ein Spiel für lebendige Marionetten* (1808).

Und dies ist unverkennbar eine deutliche Travestie auf Goethes *Stella*. Ausgerechnet zum Geburtstag Maria Pawlownas, der Schwiegertochter Carl Augusts, am 17. Februar 1815 wird die ‚Posse' in Weimar aufgeführt – zum großen Ärger Goethes. Böttiger berichtet von dieser Aufführung seinem Freund Kotzebue in einem Brief vom 30. März 1815: Die „Narren" (gemeint sind die für die Aufführung Verantwortlichen) hätten gar nicht geahnt, dass es sich um eine Parodie von Goethes *Stella* gehandelt habe. Goethe aber, fährt er fort, „herrischer als je [...] schäumte und wüthete darüber, wie ein angeschossener Eber."[204] Auch wenn wir bei Böttigers Urteilen dessen starke Aversion berücksichtigen, die ihn mitunter zu heftigen Verbalattacken verleitete, ist dies ein Beleg dafür, dass es Kotzebue immer wieder einmal gelingt, den Olympier zu reizen. Das Verhältnis bleibt spannungsreich.

Nationale Töne

Die Vorgänge in Berlin lösen in Weimar kein allzu großes Echo aus. Kotzebues Anhänger verstummen, seine Stücke werden zwar immer noch aufgeführt; zuletzt aber mit geringer Resonanz. Und der Herzog lässt gar den Autor zur *persona non grata* erklären - wäre Kotzebue nicht ohnehin weggegangen, hätte er eine zweite Ausweisung befürchten müssen.

In Berlin dagegen ist er in seinem Element; der König Friedrich Wilhelm III. ernennt ihn zum Mitglied der Berliner Akademie der Wissenschaften. Er ist Mittelpunkt zahlreicher Einladungen und genießt die gesellschaftliche Anerkennung. Auch sein Theater reüssiert, und er erlebt eine spezielle Genugtuung, dass das Stück seines Erzfeindes August Wilhelm Schlegel, der *Ion*, den Iffland auf die Berliner Bühne bringt, beim Publikum durchfällt - wie schon in Goethes Weimar.

Drei königliche bzw. kaiserliche Höfe hat er bereits erobert; jetzt reizt es ihn, auch den neuen starken Mann Frankreichs, den Ersten Konsul Bonaparte, kennenzulernen. Er reist nach Paris. In der französischen Hauptstadt, die sich mehr und mehr von den Zuständen - und den Ideen - der Revolution entfernt, werden viele seiner Stücke gespielt; vor allem *Menschenhaß und Reue* findet dort eine tränenreiche Resonanz. Tatsächlich ist auch Bonaparte unter den Zuschauern, und einige Zeit später kommt es zu einem persönlichen Zusammentreffen, das für Kotzebue allerdings insofern enttäuschend verläuft, als der Konsul ihm gesteht, er habe an den tränenseligen Stücken keinen Gefallen.

Kotzebue kehrt ernüchtert auf seine Güter in Estland zurück. Es ist bezeichnend für ihn, dass ein einziges Gespräch eine andauernde Ablehnung provoziert. Wegen persönlicher Empfindlichkeiten ist er zum Gegner Napoleons geworden. Die Abneigung verstärkt sich noch im Folgejahr, als Bonaparte das französische Volk auffordert, ihn zum erblichen Kaiser zu wählen. Das Volk stimmt mit überwältigender Mehrheit zu, da es nichts mehr fürchtet als ständige Unruhen; Napoleon verspricht Sicherheit, auch wenn dies auf Kosten demokratischer Rechte geschieht.

Nach dem Tod seiner zweiten Frau heiratet Kotzebue kurz darauf deren Cousine und begibt sich mit ihr auf eine ausgedehnte Hochzeitsreise. Italien, spätestens seit Winckelmann, Herder und Goethe das Sehnsuchtsland der Deutschen, ist aber für ihn eine einzige Enttäuschung, insbesondere beklagt er das feuchte, Krankheiten hervorrufende Klima. Zudem fühlt er sich von Bettlern und Banditen umgeben. Für die Kunstschätze hat er wenig Sinn. Da er seine Eindrücke, wie üblich, verschriftlicht, hat auch Goethe davon Kenntnis erhalten. Dieser findet für die Abwertungen des Laokoon oder der mediceischen Venus eine originelle Begründung: Kotzebue hätte „es weit leidlicher gefunden, wenn es nur nicht vor ihm so berühmt gewesen wäre."[205]

Das Ehepaar kehrt nach Deutschland zurück und lässt sich im preußischen Königsberg nieder. Kotzebue schreibt ein Drama nach dem anderen; der Erfolg bleibt ihm treu. In Weimar kommt Goethe nicht umhin, seine Stücke auf die Bühne zu bringen. In diese Zeit fällt auch das zwiespältige Lob Goethes im Gespräch mit Riemer, Kotzebue sei „ein vortrefflicher Mann! Was für eine Menge Menschen er abspeise, die wie hungrige Raben auf ihn warteten!"[206] Einem anderen Gesprächspartner gegenüber verteidigt er ihn gar gegen den Vorwurf der „Seichtigkeit":

> Wenn dieser Kotzebue den gehörigen Fleiß in der Ausbildung seines Talents und bei der Anfertigung seiner dramatischen Sachen angewendet hätte, so konnte er unser bester Lustspieldichter werden. Und auch das Sentimentale hat er in seiner Gewalt. Die Zwiebel, mit welcher man den Leuten das Wasser in die Augen lockt, weiß er zu gebrauchen, wie wenige.[207]

Aber bald darauf hat Europa anderes zu tun als sich über den Erfolg oder Misserfolg eines Bühnenautors zu erregen. Napoleon setzt unbeirrt seine Eroberungspolitik fort, seine Truppen besiegen Österreich und Russland bei Austerlitz, und am 14. Oktober 1806 werden auch die preußischen Truppen in der Schlacht bei Jena und Auerstedt vernichtend geschlagen. Die Franzosen halten jetzt ganz Mitteleuropa besetzt.

Kotzebue beschließt, Napoleon mit seinen - also journalistischen - Mitteln zu bekämpfen. Dies tut er von Estland aus, wo er die satirische Quartalsschrift *Die Biene* herausgibt. Wie viele seiner Zeitgenossen hatte er die Ziele der Französischen Revolution begrüßt und nimmt jetzt deren Gefährdung oder gar Aufhebung durch Napoleon mit Sorge zur Kenntnis. Wie sehr muss ihn getroffen haben, dass die meisten seiner Landsleute eine sklavische Unterwürfigkeit an den Tag legen! Sogar der Geheimrat Goethe bemüht sich um eine Audienz bei dem Eroberer und berichtet anschließend begeistert von diesem Treffen - wenig später erhält er den Orden der Ehrenlegion. Es ist dies eine geradezu verkehrte Welt: Kotzebue hat sich zuvor ja auch immer mit dem Wind gedreht, jetzt verurteilt er Goethe wegen dessen Wertschätzung des ‚Tyrannen' Napoleon.

Die *Biene* wird den Machthabern tatsächlich lästig. Die französische Administration sorgt für ein Verbot. Erst zwei Jahre später gelingt es Kotzebue, eine neue Zeitschrift, die er *Die Grille* nennt, zu platzieren. Ansonsten ist seine Zeit nicht nur erfüllt mit der Abfassung immer neuer Schauspiele, er schreibt auch eine groß angelegte *Geschichte des deutschen Reiches von dessen Ursprunge bis zu dessen Untergange* (1810) - eine grandiose Fleißarbeit, die die Fruchtbarkeit und Vielseitigkeit des Autors wieder einmal unter Beweis stellt -, die jedoch ebenfalls bald verboten wird, weil die französischen Zensoren in der Darstellung Karls des Großen eine versteckte Kritik an Napoleon wittern.

Infolge des desaströsen Ergebnisses des französischen Russlandfeldzuges beginnt der Stern Napoleons zu sinken; überall regen sich Widerstände mit stark nationalistischen Tönen. Auch Kotzebue, immer noch Kaiserlich-Russischer Kollegienrat, bald darauf Staatsrat, beteiligt sich, er gibt im Auftrage des in Berlin kommandierenden russischen Generals mit Billigung der preußischen Regierung das *Russisch-deutsche Volksblatt* heraus. Hierin zeigt er eine erstaunliche Weitsichtigkeit. Er kämpft zwar weiterhin gegen den ‚Tyrannen', spricht sich aber für eine Versöhnung mit dem französischen Volk aus, das sich von Napoleon habe missbrauchen lassen.

Als Ergebnis der ‚Befreiungskriege' gegen Napoleon haben sich viele Deutsche eine nationale Einheit erhofft. Daran haben aber die siegreichen Verbündeten kein Interesse, sie sind im Gegenteil bestrebt, freiheitliche Tendenzen zu unterdrücken. Die im Wiener Kongress erfolgte ‚Neuordnung' Europas bedeutet eher eine Rückkehr zu den vorrevolutionären feudalistischen Zuständen; die drei Großmächte Russland, Preußen und Österreich bilden eine „Heilige Allianz", sie verkünden, dafür Sorge tragen zu wollen, dass die Französische Revolution die letzte in der Geschichte der Menschheit gewesen sei.

Kotzebue lässt die kurz davor noch vertretenen liberalen Anwandlungen fallen und freut sich über die Wiederherstellung des Alten und Bewährten. Seine *Geschichte des deutschen Reiches* darf jetzt erscheinen, er widmet die bisher erschienenen zwei Bände dem russischen Zaren Alexander, dem „Befreier Europas", und schreibt einen dritten Band, den er in der Absicht, den Weimarer Hof wieder für sich einzunehmen, dem Herzog Carl August widmet. Und als er vom russischen Außenminister den Auftrag erhält, sich in Deutschland niederzulassen und von dort mehrmals im Jahr über alle politischen und geistigen Entwicklungen sowohl Deutschlands als auch Frankreichs dem Zarenhof Bericht zu erstatten, wählt er Weimar als seinen Wohnsitz.

Der Herzog Carl August erklärt, er schätze sich glücklich, Kotzebue wieder in seiner Nähe zu wissen. Dieser ist keine *persona non grata* mehr. Der Kaiserlich-Russische Staatsrat zieht im April 1817 mit seiner Frau und elf Kindern sowie mit einem ganzen

Tross Bediensteter in seine Geburtsstadt ein. Sein Wohnhaus ist nur wenige Minuten vom Frauenplan entfernt.

„Du hast es lang genug getrieben"

Mit seinem russischen Diplomatenstatus ist Kotzebue davon überzeugt, sich in Weimar Eindruck zu verschaffen. Er setzt nicht mehr auf seine Beliebtheit als Schriftsteller - allzu oft hat er die Ablehnung Goethes erfahren, so dass sich ihm die Kluft mit gutem Grund als unüberbrückbar darstellt. Und er hat ja selbst mit seinen Angriffen auf Goethe diese Kluft vertieft. Jetzt tritt er aber als Staatsmann auf, und zwar in Diensten eines Riesenreichs, und als solcher fühlt er sich Goethe, dem Minister eines unbedeutenden Kleinstaates, überlegen. Weimar ist Krähwinkel, nach wie vor und mehr denn je!

Seine Bereitschaft zu Streit und Händeln ist nicht geringer geworden. Es gibt jetzt zwar keine Franzosen mehr zu bekämpfen, deshalb fährt er erneut Angriffe gegen die eigenen Landsleute, macht sich zum Apologeten alles Russischen - sogar das russische Klima sei besser als das deutsche (wie auch das italienische) - und legt sich auf's Neue mit den geistigen und politischen Größen Weimars an. Diese zeigen ihm zwar die kalte Schulter; Goethe geht ihm nach Möglichkeit aus dem Weg, aber gelegentlich ist er doch gezwungen, dem Beauftragten der russischen Regierung mit Respekt gegenüberzutreten. Aber Kotzebue übertreibt mal wieder. Seine Hetze richtet sich gegen alle freiheitlichen Ideen und Forderungen, etwa nach einer verbindlichen Verfassung und vor allem nach einem einheitlichen Staat, den er selbst noch vor kurzem befürwortet hat. Solche Bestrebungen brandmarkt er als jetzt staatsgefährdend.

Es erwächst ihm eine neue Gegnerschaft, die ihn voller Hass als Feind ausgemacht hat: die Burschenschaften. Bereits 1815 ist in Jena die sogenannte Urburschenschaft gegründet worden; ihre dominante Idee ist die Verbindung aller deutschen Studenten mit dem Ziel, die landsmannschaftlichen, also regionalen Zusammenschlüsse zugunsten einer einheitlichen Bewegung aufzugeben. Im Hintergrund steht die Idee der deutschen Einheit. Gründungsväter sind unter anderem Ernst Moritz Arndt (mit dem Kotzebue sich ein paar Jahre zuvor noch einig fühlte), der Philosoph Johann Gottlieb Fichte und der als „Turnvater“ berühmt gewordene Friedrich Ludwig Jahn.

Um die Studenten anderer Universitäten zu erreichen, hat die Urburschenschaft zu einem Fest auf die Wartburg bei Eisenach, die zum Großherzogtum Sachsen-Weimar gehört, eingeladen. Es soll des 300. Jahrestages der Reformation, aber auch des Jahrestages der Völkerschlacht zu Leipzig gedacht werden. Nicht nur Studenten, auch liberal gesinnte Professoren nehmen teil; der Sachsen-Weimarische Großherzog Carl August hat offiziell die Genehmigung erteilt. Und, was zunächst erstaunen mag, auch Goethe hat die Veranstaltung ‚seiner‘ Jenaer Studenten gebilligt.

Studentenzug zur Wartburg

Bücherverbrennung auf dem Wartburgfest

Am Abend des 17. Oktober werden feurige Reden gehalten; alles verläuft friedlich-feierlich. Dann aber ertönt ein Aufruf, initiiert von keinem anderen als von Friedrich Ludwig Jahn[208]: Nach dem Beispiel Luthers, der seinerzeit (1520) die päpstliche Bannbulle in Wittenberg verbrannte, sollen die Bücher aller ‚Vaterlandsfeinde' dem Feuer zum Opfer fallen. Jahn hat schon zuvor sich energisch gegen Verunreinigungen der ‚edlen' deutschen Sprache durch das Französische sowie gegen die seiner Ansicht nach minderwertige Unterhaltungsliteratur engagiert. Seine ‚Turnbewegung' dient längst nicht mehr allein dem Zwecke der Körperertüchtigung, sondern ordnet sich politischen Gesichtspunkten unter. Zu den Autoren, deren Schriften verbrannt werden sollen, gehört auch Kotzebue.

Ein Wort zu dieser Bücherverbrennung, die eigentlich keine ist, denn es werden keine Bücher verbrannt, sondern Makulaturballen, auf denen die Namen der Verfasser und die Titel geschrieben sind. Diese Ballen werden auf Mistgabeln aufgespießt und unter lauter „Pereat!"-Rufen[209] den Flammen überantwortet. Die Aktion gehört freilich nicht zu den offiziellen Feierlichkeiten. Die in die Flammen geworfenen Bücher beziehungsweise deren Surrogate stammen ausschließlich von Schriftstellern, die als reaktionär angesehenen werden, zu denen außer Kotzebue auch, um nur ein paar der bekannteren zu nennen, Ludwig Kosegarten, Karl Ludwig von Haller oder der Dramatiker Zacharias Werner gehören. Kotzebue ist vor allem durch seine zwei Jahre zuvor in Leipzig erschienene *Geschichte des Deutschen Reiches* ins Kreuzfeuer der studentischen Kritik geraten; dieses Werk wird deshalb unter begleitenden Schmähungen den Flammen überantwortet.

Eine Randnotiz: Einer der lautesten Schreihälse auf der Wartburg ist ein etwas wunderlicher Student namens Carl Ludwig Sand, eben jener Sand, der später Kotzebue ermorden wird. Er befindet sich auf der Wartburg in offizieller Mission, und zwar als Abgesandter der Erlanger Burschenschaft; er verteilt eine selbstverfasste Schrift, in der er zum Kampf gegen alle Verunreiniger des Deutschtums aufruft. Ironischer Weise hat er zu diesem Zeitpunkt noch eine durchaus hohe Meinung von Kotzebuc, dessen antinapoleonische Haltung ihm imponiert hatte. Auch als Theaterautor schätzte er ihn. Erst später wird er ihn zur Zielscheibe seines Hasses machen.

Goethe befindet sich in einer misslichen Lage. Nach dem Sturz Napoleons ist er weit davon entfernt, in den allgemeinen Jubel einzustimmen, der die neu gewonnene Freiheit sowie das Ende der Vormundschaft euphorisch preist. Und den Hass der studierenden Jugend gegen die Hegemonie Österreichs und Russlands hat er vorausgesehen und davor gewarnt – was ihm den Ruf einbringt, ein Reaktionär zu sein. Das Wartburgfest hat er ebenfalls in zahlreichen Presseveröffentlichungen missbilligt, jedenfalls was die dort gehaltenen Reden anbelangt. Das war er sich – als sozusagen sich amtlich äußernder Minister - schuldig. Andererseits aber hegt er, wie bereits angedeutet, durchaus Sympathien für die protestierenden Studenten, insbesondere ‚seine' Jenaer. Eine Gesprächspartnerin berichtet, Goethe sei während ihres Besuches am 7. Dezember 1817 „natürlich auf die Wartburggeschichte" zu sprechen gekommen, und zu ihrem Erstaunen habe er gesagt: „ob es etwas Schöneres geben könne, als wenn die Jugend aus allen Weltgegenden zusammenkäme, um sich fester für das Gute zu verbünden mit dem Entschlusse, in jeder Lage ihres Lebens alle Kräfte aufzuwenden".

Wenige Tage später, am 15. Dezember, berichtet ein Student, er habe bei seinem Besuch bei Goethe diesen „stumm und kalt" gefunden, Goethe hingegen erzählte anschließend, er habe „sich zurückhalten müssen, [dem Besucher nicht] um den Hals [zu] fallen"; von den Jenaer Studenten sprach er als von seinen „lieben Brauseköpfen".[210] Wie so oft nimmt er Partei für die Jugend, deren Frische und überschäumenden Idealismus er dem verkrusteten Festhalten am Althergebrachten vorzieht. So empfängt er in Jena am 14.11.1817 durchaus wohlwollend auch den Burschenschaftler Sand, befürwortet dessen Bitte, ein verfallendes Ballhaus in Jena als Fecht- und Turnhaus für die Studenten nutzen zu dürfen.[211]

Auch im Hinblick auf die Bücherverbrennung zeigt sich seine Gespaltenheit sehr deutlich. Einerseits spricht er - in einem Brief an Zelter vom 16. Dezember 1817 von dem „garstigen Wartburger Feuerstank [...], den ganz Deutschland übel empfindet, indeß er bey uns schon verraucht wäre, wenn er nicht bey Nord-Ost-Wind wieder zurückschlüge und uns zum zweytenmal beizte".[212] Andererseits ist in Bezug auf Kotzebue es sicherlich nicht übertrieben zu sagen, dass gerade das Verbrennen der politischen Schriften des ungeliebten Zeitgenossen, der wenige Häuser von seinem Wohnhaus entfernt als russischer Agent residiert, sein Herz wärmt. Dies bringt er in einem satirischen Gedicht „An Kotzebue", datiert „Eisenach, den 18. October 1817", zum Ausdruck:

Du hast es lang genug getrieben,
Niederträchtig vom Hohen geschrieben,
Hätt'st gern die tiefste Niedertracht
Dem Allerhöchsten gleichgebracht.
Das hat denn deine Zeitgenossen,
Die tüchtigen, mein' ich, baß verdrossen;
Hast immer doch Ehr und Glück genossen.

St. Peter hat es dir aber gedacht,
Daß du ihn hättest gern klein gemacht,
Hat dir einen bösen Geist geschickt,
Der dir den heimischen Sinn verrückt,
Daß du dein eigenes Volk gescholten.
Die Jugend hat es dir vergolten:
Aller End' her kamen sie zusammen,
Dich haufenweise zu verdammen!
St. Peter freut sich dieser Flammen.[213]

Ganz viel Spott und wohl auch ein wenig Neid sprechen aus diesen Zeilen. Sein Gegner habe - unverdient - immer „Ehr und Glück" genossen; die wahrhaft Tüchtigen mussten dieses „niederträchtige" Treiben, also die Verhöhnung des „Hohen", verdrossen zur Kenntnis nehmen. Jetzt aber ist die Vergeltung in Form der „Flammen" gekommen - und St. Peter in seiner Eigenschaft als Himmelspförtner zieht ihn zur Rechenschaft. Möglicherweise spielt Goethe mit der Nennung St. Peters auch auf Kotzebues Verbindungen mit dem russischen Hof in St. Petersburg an. Eigentlich sind die Heftigkeit der Invektive sowie das offene Bekenntnis zur Bücherverbrennung eines Goethes nicht würdig. Er hat diese Verse nicht veröffentlicht, sie finden sich in seinem Nachlass; insofern hat der derart Verunglimpfte davon keine Kenntnis erhalten - er dürfte sich aber über das Urteil Goethes keine Illusionen gemacht haben. Und er scheint auch geahnt oder sogar gewusst zu haben, dass Goethe auf Seiten der Studenten stand.

Kotzebue jedenfalls hört nicht auf, seine Giftpfeile abzuschießen. Er befindet sich hierbei sozusagen in guter Gesellschaft, denn allerhöchste Regierungs- und Adelskreise haben wegen der erteilten Genehmigung des Wartburgfestes ihr Befremden über das Großherzogtum Weimar ausgedrückt und es sogar, so der russische Zar, des ‚Jakobinertums' bezichtigt; der preußische König ordnet ein Verbot studentischer Verbindungen sowie des Turnwesens an. Kotzebue beschuldigt das ganze Universitätswesen, insbesondere das Jenaer, es sei heilloser Verderbnis anheimgefallen; dies führt er, einige Wochen nach dem Wartburgfest, in einem der Geheimberichte, die er pflichtschuldig an den Zaren richtet, aus.

Dieser Bericht bleibt jedoch infolge einer Indiskretion keineswegs ‚geheim'; er wird in verschiedenen einheimischen Zeitungen abgedruckt. Darin bezichtigt Kotzebue, wenn auch etwas verdeckt, den Großherzog Carl August sowie dessen Ministerriege – also insbesondere Goethe – ebenfalls der ‚jakobinischen' Gesinnung.[214]

Auch hierzu hat sich Goethe nicht öffentlich geäußert. Aber brieflich schlägt er sich erneut auf die Seite der Jenaer Studenten und zeigt Verständnis für deren „gränzenlose[n] Haß gegen Kotzebue". Er fährt fort:

> Alles was gegen ihn geschieht wird gebilligt, jede Maasregel für ihn getadelt. [...] Bürger wie Studenten wüthen öffentlich gegen den Erbfeind, wie sie ihn betrachten. Alle frühern Geschichten: wie K. der Academie und Stadt zu schaden gesucht werden hervorgehoben[215], Historien die denn nur allzuwahr sind und jener Zeit uns beyden nicht wenig zu schaffen machten.

Und er schließt mit den Worten: „Es entstehen gewiß noch die unangenehmsten Folgen aus diesem seinem Aufenthalt in W[eimar]. *Daß* es schlecht ablaufen würde konnte jeder voraussagen, *Wie?* ist leider schon offenbar."[216]

Diese „unangenehmsten Folgen" zeigen sich tatsächlich schon bald. Kotzebue strengt gegen die Herausgeber jener Zeitungen, die seinen ‚Geheimbericht' veröffentlicht haben, Prozesse an

– die er gewinnt, jedenfalls in erster Instanz. Dies stärkt sein Selbstbewusstsein, zumal er von ganz oben, nämlich vom Fürsten Metternich, der nach dem Wiener Kongress zum führenden Staatsmann Europas aufgestiegen ist, für seinen Kampf gegen ‚Jakobinismus' und Anarchie belobigt wird. Metternich hatte ohnehin den ganzen Weimarer Fürstenhof unter Generalverdacht gestellt, den Großherzog Carl August bezeichnete er gar als den „Altburschen von Weimar".[217] Allerdings steigert dies auch die heftige Abneigung der Gegner Kotzebues. Selbst seine Mutter ermahnt ihn, er solle sich mäßigen, nachdem Unbekannte die Fensterscheiben seines Hauses eingeworfen haben. Was ihn schließlich tatsächlich zum Einlenken bewegt, ist weniger die Einsicht, übers Ziel hinausgeschossen zu haben, als vielmehr die nicht unbegründete Furcht, seine politische Tätigkeit könne seiner Beliebtheit als Schriftsteller schaden. Außerdem geht es ihm gesundheitlich schlecht, so dass er sich im Sommer 1818 nach Bad Pyrmont in eine Kur begibt. Er möchte nicht mehr in das ihm feindlich gesinnte Weimar zurückkehren, und nachdem Versuche scheitern, sich als russischer Gesandter in Leipzig niederlassen zu können, siedelt er nach Mannheim über.

Dort gibt es keine Universität, somit auch keine studentischen Verbindungen, und er wird in der Tat freundlich empfangen. In Mannheim kehrt seine schriftstellerische Energie zurück. Und seine Zeitschrift, das *Literarische Wochenblatt*, wendet sich von politischen Attacken ab und widmet sich mehr und mehr ihrem eigentlichen Auftrag, den Buchmarkt zu sichten und in Rezensionen dem Publikum nahe zu bringen.

Aber sich dauerhaft der Streitlust zu enthalten, ist ihm nicht gegeben. Bald findet er wieder eine Veranlassung sich einzumischen. Im September 1818 wird in Aachen unter der Teilnahme der Siegermächte Österreich, Preußen, Großbritannien und Russland, aber auch des besiegten Frankreich, der sogenannte „Aachener Kongress" eröffnet. Einmütig wird der Feudalismus bekräftigt, Frankreichs Bourbonen-Herrschaft wird als fünfte Macht in den Kreis der Großen aufgenommen, und es werden Maßnahmen beschlossen, um die revolutionär-demokratischen Bewegungen in Europa zu bekämpfen. Die Ziele der Französischen Revolution werden ad acta gelegt, ‚Ruhe' und ‚Sittlichkeit' sollten wieder einkehren.

Auf diesem Kongress hatte ein russischer Diplomat, ein gewisser Stourdza, den versammelten Herrschern eine Denkschrift *Über den gegenwärtigen Zustand Deutschlands* vorgelegt, wohl mit der Absicht, diese zu beeindrucken. Die Schrift, die ganz im Kotzebue'schen Sinne die studentische Bewegung verteufelt, die Universität Jena anklagt und die deutsche Intelligenz mit Schmähungen und Verleumdungen überzieht, wäre unbeachtet geblieben, wenn sie nicht von einem gewinnsüchtigen Pariser Buchhändler gedruckt und verbreitet worden wäre, und der Urheber gerät, ganz gegen sein Bestreben, in peinliche Schwierigkeiten, wird sogar von einem empörten Studenten zum Duell gefordert und verlässt schließlich fluchtartig Deutschland in Richtung Russland. Aber auch dort will man von seinem Pamphlet nichts wissen und erklärt es für die Privatschrift eines Verwirrten. – Dies aber ruft unseren Kotzebue auf den Plan, er verteidigt die gehässigen Thesen des Verfassers und setzt noch manche Grobheit obendrauf, so dass er selbst bald als der eigentliche Verfasser angesehen wird, der sich nur hinter Stourdza versteckt habe. Die Folge: Kotzebue befindet sich mal wieder zwischen allen Stühlen, die eigene Obrigkeit in Sankt Petersburg pfeift ihn zurück, die Studenten hassen, die geistigen Führer Deutschlands verachten ihn. In Weimar werden seine Verleumdungen in einer Zeitschrift publiziert; jedermann kann sich von dem schändlichen Treiben Kotzebues ein Bild machen. Er steigert sich immer mehr in die Rolle des Opfers hinein, sieht gar, da er ja im diplomatischen Dienst Russlands stehe, das Völkerrecht bedroht und fordert vor der Weimarer Regierung die strengste Bestrafung jener Zeitschrift.

Aber man lacht ihn aus, und auch die Sankt Petersburger Regierung amüsiert sich höchstens über Kotzebues Anmaßung. Ja, es kommt noch schlimmer für ihn, denn im Zuge dieser Untersuchungen stellt man in Russland fest, dass die Aufträge, die Kotzebue angeblich von höchster Stelle erhalten hatte, dem Zaren überhaupt nicht bekannt sind und dass die Berichte, die der vorgebliche Diplomat nach Russland schickte - und dafür viel Geld einforderte -, ungelesen beiseite getan wurden. Kotzebue steht jetzt in den Augen der Weimarer endgültig als Blender da, zumal ein russischer Adliger, der Weimar besucht, verlautbart, der russische Kaiser kenne Kotzebue gar nicht, und wenn er ihn kennte, würde er ihn fortjagen. - Dies dürfte freilich gehässig-überzogen sein, denn wir wissen, dass der Dichter am St. Petersburger Zarenhof eine durchaus bekannte Größe war, jedenfalls in früheren Zeiten.

Gut, dass er seinen Aufenthaltsort nach Mannheim, fern von Weimar, verlegt hat. Für einige Monate wird es recht still um ihn. Noch ist er in den Augen der Mannheimer Gesellschaft der berühmte, mit zahlreichen Titeln ausgezeichnete und zudem politisch geheimnisumwehte Dichter. Mehrere seiner Stücke werden aufgeführt, und da er sich auch selbst dazu zwingt, persönliche Streitereien zu vermeiden, genießt er bald den Ruf eines berühmt-berüchtigten Mannes. Auch die Regierung in Karlsruhe sieht nach einer Zeit des misstrauischen Beobachtens keinen Grund mehr, ihn als gefährlich anzusehen. Er scheint seinen Frieden gefunden zu haben.

Ein Mord und seine Folgen

„Du hast es lang genug getrieben!" Diese Auffassung, die sogar einen Goethe dazu antrieb, die Verbrennung der Schriften Kotzebues gutzuheißen, hat längst bei den Burschenschaftlern Platz gegriffen. Bei ihnen gilt der Dichter jetzt, trotz seiner früheren antinapoleonischen Haltung, als Symbolfigur der Unterdrückung freiheitlicher Bestrebungen. Er wird von ihnen kaum als Schriftsteller wahrgenommen, zumal sie in diesen Schriften zuletzt lediglich „Kosakenlieder" oder „Baschkirenstücke" wahrzunehmen meinen, in denen alles Russische schamlos verherrlicht werde, sondern aufgrund seiner geheimnisumwitterten Stellung als Gesandter des Zaren, die er genussvoll auslebt, eher als russischer Spion. Besonders bei einem unter ihnen, dem Studenten Karl Ludwig Sand aus Wunsiedel im Fürstentum Bayreuth (aus dem auch Jean Paul stammt), verfestigt sich jetzt die Überzeugung, dass der „Schandbube" aus dem Weg geschafft werden müsse.

Dieser Sand, 1795 geboren, begeistert sich schon früh für die Schriften des „Turnvaters" Jahn und dessen ideologischen Kampf gegen Napoleon. Er studiert in Tübingen Evangelische Theologie und setzt dieses Studium nach einem kurzen Intermezzo als Freiwilliger im Feldzug gegen Napoleons „Herrschaft der 100 Tage" in Erlangen fort. Dort wird er Mitgründer der Erlanger Burschenschaft. Wie fast alle seiner Mitstreiter ist er enttäuscht, dass die versprochenen liberalen Öffnungen nach der Niederlage Napoleons im Wiener Kongress nicht nur ausbleiben, sondern rigorosen Einschränkungen Platz machen. Auf dem Wartburgfest verteilt er eine Flugschrift *Teutsche Jugend an die teutsche Menge*, die später, als er sein Studium in Jena fortsetzt, große Beachtung findet. In die Jenaer Zeit fällt auch sein Besuch bei Goethe. Sands ursprünglichen Sympathien für Kotzebue sind jetzt, nachdem jener als russischer Spion bezichtigt wird – und wenig zur Abschwächung dieses Verdachts bei-

Ermordung Kotzebues

trägt –, einem heftigen Hass gewichen. Er reist nach Mannheim und wird von Kotzebue empfangen; dem Diener überreicht er eine Schrift, die er, wie sich danach herausstellt, *Todesstoß des August von Kotzebue* überschrieben hat. Dem Staatsrat fügt er drei tödliche Stiche zu und verletzt sich anschließend selbst. Er wird verhaftet und ein Jahr später hingerichtet.

Die Tat löst in ganz Europa heftige, einander widersprechende Reaktionen aus. Bereits im Todesjahr Kotzebues erscheint ein *Authentischer Bericht über die Ermordung des Kaiserlich-Russischen Staatsraths Herrn August von Kotzebue. Nebst vielen interessanten Notizen über ihn und über Carl Sand, den Meuchelmörder*[218] in zweiter Auflage. Dieser Bericht zeigt trotz des Bemühens um Sachlichkeit die Widersprüche auf: Zwar wird die Tat offiziell – als „Meuchelmord“ – verurteilt und dem Täter steht ein ordentlicher Prozess bevor, dennoch wird den Zweifeln an der Person Kotzebues sowie den Gründen, warum Sand sich zu dieser Tat entschloss, großer Raum gegeben. Es klingt hier schon an, dass man dem Mörder gewisse Sympathien entgegenbringt; diese Tendenz verstärkt sich in der Folgezeit, und als Sand 1920 hingerichtet wird, nimmt die Bevölkerung großen Anteil. Den Prozess benutzt Sand dazu, den Mord als eine sittliche Tat zu rechtfertigen und sie auf eine Stufe mit Tyrannenmorden zu stellen („Diesen grausen Verräther niederzustechen, ist für mich ein strenges *Muß* geworden“[219]). Es wird ein Schreiben bekannt, das er bereits in Jena verfasst hat, und in dem es heißt:

> Viele der ruchlosesten Verführer treiben ungeahndet, bis aufs völlige Verderben unsres Volkes hin, bei uns ihr Spiel. Unter ihnen ist Kotzebue der feinste und boshafteste, das wahre Sprechwerkzeug für alles Schlechte in unserer Zeit. [...] *Er treibt täglich argen Verrath am Vaterlande,* – soll nicht das ärgste Unglück über uns kommen, *so muß er nieder!*[220]

Seitens der Bevölkerung schlägt ihm Begeisterung, ja geradezu Verehrung entgegen. Ein 1920 herausgegebenes Gedicht stilisiert ihn gar zu einem antiken Heros: In Zeiten, da antikes Heldentum in Vergessenheit geraten sei, suche man nach einem Mann, dem man Lorbeerkränze flechten könne:

> [...] Wer ist, der in jener Ferne
> Im Gesichte mir vorüberwallt,
> Majestätisch in dem Kranz der Sterne
> Eine überirdische Gestalt?
>
> Wer ist es, der einen Dolch mit Blute
> Überspritzt in Jünglingshänden hält,
> Und mit diesem hohen Römermuthe
> In den kalten Arm des Todes fällt?

Dies ist Sand! Und dieser Dolch mit Blute
Ist von Kotzebue's Blute überspritzt,
Dies ist Sand, der fest mit edlem Muthe
Dem Verräter Gottes Rache blitzt!

Er ist ein Held, der diese Opferungen
Reiner Liebe für das Vaterland
Auch noch in des Todes Dämmerungen
Seiner schönen Seele würdig fand.[221]

In der Folgezeit wächst diese Anteilnahme noch; der Name Sand wird im Vormärz zum Symbol des Kampfes gegen Willkür und Unterdrückung. In den fünfziger Jahren des 19. Jahrhunderts werden seine Gebeine in ein Ehrengrab des Mannheimer Hauptfriedhofs verlegt. Der Mythos vom Tyrannenmörder Sand verfestigt sich, auch international, in einer Fülle von Aufsätzen, Gedichten, Schauspielen und Romanen; so ist die Tat beispielsweise Anlass für den russischen Dichter Puschkin geworden, ein Gedicht („Der Dolch") zu schreiben, in dem es heißt:

Du starbst auf dem Schafott, o edler Sand,
Und opfertest der Freiheit deine Jugend;
Doch auch im Blut, verspritzt von Henkershand,
Lebt noch ein Rest der heil'gen Tugend.[222]

Alexandre Dumas schreibt eine Novelle über Sand, zahlreiche Romane greifen sein Schicksal auf. Als kurioses Detail gilt, dass die französische Schriftstellerin Aurore Dupin Baronin Dudevant angeblich ihr Pseudonym „George Sand" nach dem Mörder Kotzebues gewählt hat. – Auch neuere Kotzebue-Romane stellen oft Sand als moralische Instanz höher als Kotzebue selbst, so etwa Heinz-Joachim Simon: *Kotzebue. Eine deutsche Geschichte*[223] oder der in der DDR erschienene Roman von Werner Liersch: *Eine Tötung im Angesicht des Herrn Goethe.*[224] Ein später

Reflex dieser Wertschätzung ist auch die Tatsache, dass es noch heute in seiner Heimatstadt Wunsiedel eine nach ihm benannte Straße gibt[225] (eine Auszeichnung, die bekanntlich Kotzebue in dessen Geburtsstadt verwehrt wird).

*

Dass eine Mordtat nicht nur gutgeheißen, sondern sogar verklärt und zu einem symbolhaften Befreiungsakt hochstilisiert wird, ist untrennbar mit den politischen Folgen verbunden, die dieses Attentat zeitigt. Von den gerade bei den jungen und gebildeten Leuten um sich greifenden Enttäuschungen und zerstörten Hoffnungen war schon die Rede; die Machthaber des nach dem Wiener Kongress 1815 neu gestalteten Europa lassen keinen Zweifel daran, dass sie an demokratischen Entwicklungen nicht nur nicht interessiert, sondern alle freiheitlichen Bewegungen zu unterdrücken willens sind. Der Mord an Kotzebue, verübt von einem Burschenschaftler, ist ihnen willkommener Anlass, Gesetze zu verschärfen oder neu zu erlassen, die dafür sorgen sollen, dass sich revolutionäres Gedankengut oder gar entsprechende Volkserhebungen nicht wiederholen mögen. Die sogenannten „Karlsbader Beschlüsse" vom Herbst 1819 legen fest, dass eine Kommission zur Untersuchung „staatsgefährdender Umtriebe" gebildet wird; in der Folgezeit überwacht und unterdrückt diese Kommission penibel Vorgänge, die in ihrem Sinne als „staatsgefährdend" gelten – und das sind praktisch alle, die die wiederhergestellte Ordnung gefährden könnten. Die Burschenschaften werden aufgelöst, die Hochschulen werden überwacht, fast alle Schriftstücke unterliegen der Zensur. Aufgrund dieser Einschränkungen werden zahlreiche Autoren gezwungen, in den Untergrund oder ins Exil zu gehen.

Sands Mordtat an dem unglücklichen Kotzebue verfehlt somit ihr Ziel; die erträumte deutsche Einheit bleibt vorerst eine Illusion – und Sand wird zum Mythos. Damit einher geht die – unverdiente – Abwertung der schriftstellerischen Erzeugnisse

Kotzebues, die schon in der Mitte des 19. Jahrhunderts weitgehend in Vergessenheit geraten. Es ist sicherlich nicht falsch zu behaupten, dass dabei nicht nur ästhetische Kategorien eine Rolle gespielt haben. Kotzebue ist ein für alle Mal auch moralisch in Frage gestellt. Als 1881, also 62 Jahre nach seiner Ermordung, von seinem Sohn Wilhelm ein Buch *August von Kotzebue. Urtheile der Zeitgenossen und der Gegenwart* herausgegeben wird, in dem der Sohn versucht, Vorwürfe der Immoralität in den Stücken seines Vaters zu entkräften, spürt man deutlich den Rechtfertigungsdruck.

Dass der fruchtbarste und einstmals beliebteste deutsche Dramatiker heute weitgehend vergessen worden ist - lediglich seine *Kleinstädter* werden gelegentlich noch gespielt, etwa als Schulaufführungen -, kann schon fast als tragisch angesehen werden. Im geschichtlichen Bewusstsein lebt er weiter als Opfer eines Attentats, der Attentäter dagegen als Held.

Eine gewisse Nullität

Als bemerkenswerte Figur der Goethezeit verdient August von Kotzebue unser Interesse. Die zahlreichen Widersprüche in seinem Leben, seine charakterlichen Stärken und Schwächen, seine unerschöpfliche Produktivität, sein Erfolg beim Publikum würden auch dann einen biographischen Versuch rechtfertigen, wenn es den ständigen Widerstreit mit Goethe nicht gäbe. Aber wir wagen die Behauptung, dass diese immer wieder aufflammende Kontroverse die eigentliche Triebfeder seines Wesens ist. Kotzebue hat sich sein ganzes Leben lang an Goethe abgearbeitet. Schon der Knabe wollte den großen Dichter beeindrucken; trotz zahlreicher Enttäuschungen hat er immer wieder versucht, sich bei Goethe beliebt zu machen. Die ständigen Zurücksetzungen, die fraglos nicht nur Goethes Kälte („Dieser Kotzebue soll mir vom Leibe bleiben!"), sondern auch seinen eigenen Unvollkommenheiten zu verdanken sind, haben seine ohnehin bestimmende Neigung zur Selbstüberschätzung und zur Großmannssucht verstärkt und ihn mehr und mehr dazu verleitet, sich Goethe ebenbürtig oder gar überlegen zu fühlen - oder besser: fühlen zu wollen, im dunklen Bewusstsein, sich wohl doch nicht auf derselben Ebene wie der Verehrte oder auch Verdammte zu befinden. Sein hauptsächlicher Trumpf ist der *Erfolg*, den er immer wieder gegenüber Goethe ausspielen kann, zumal dieser in seinem Amt als Theaterdirektor nicht umhinkommt, Kotzebues Stücke auf die Weimarer Bühne zu bringen. Mit sicherem Gespür für die Bedürfnisse des Publikums schreibt Kotzebue Stück um Stück und sonnt sich in seinem Ruhm, hat aber wenig Sinn für die Bemühungen Goethes, ein anspruchsvolles Theater in Weimar zu etablieren. Und da diesen Bemühungen - siehe die missglückten Stücke der Schlegelbrüder - oftmals scheitern, versucht er diese Misserfolge impertinent auszunutzen, macht sich verhasst, wird aus Weimar ausgewiesen, so dass er sich selbst wieder als Opfer fühlen kann... Und auch seine persönlichen Erfolge, die Wertschätzungen und Auszeichnungen, die ihm von königlicher und kaiserlicher Seite zuteilwurden, versucht er wiederholt gegen Goethe auszuspielen, es fehlt ihm aber an der charakterlichen Festigkeit, mit Niederlagen und Zurückweisungen souverän umzugehen. Als Angegriffener greift er schnell zu unsachlichen und auch unlauteren Mitteln und bringt sich damit selbst um den beabsichtigten Erfolg. Rastlosigkeit bestimmt sein Leben.

Goethe hat wahrlich Besseres zu tun, als sich ständig um Kotzebue zu kümmern. Seine Äußerungen über den Weimarer Zeitgenossen zeugen meist von Gleichgültigkeit, auch wenn dieser ihm oftmals lästig wird. Es gibt allerdings eine Ausnahme, in der sich zeigt, dass auch er empfindlich berührt sein konnte – und wie er damit umging. In seinen *Biographischen Einzelnheiten* (sic!) lässt er sich über Kotzebue aus; die (undatierten) Blätter dürften um 1818/19 entstanden sein, als der großspurige Russische Staatsrat erneut in Weimar Einzug hielt und vorgab, endgültig über dem Minister eines Duodezstaates zu stehen.

> Nebst gar manchem andern, die meiner Wirksamkeit widerstrebten, [macht] sich Einer besonders zum Geschäft, auf jede Art und Weise meinem Talent, meiner Thätigkeit, meinem Glück entgegenzutreten; dagegen würde ich mich, nach meiner Sinnesart ganz wehrlos und in einem unangenehmen Zustande finden, wenn ich nicht [...] mich gewöhnt hätte, die Existenz desjenigen, der mich mit Abneigung und Haß verfolgt, als ein nothwendiges und zwar günstiges Ingrediens zu der meinigen zu betrachten.[226]

Der Gegner also als komplementäres, notwendiges Element! Goethe nennt sein Verhalten sein „Hausmittel", mit dem er alle Attacken unwirksam macht. Im Weiteren findet er zahlreiche lobende Worte über Kotzebue, gedenkt des „schönen muntern Knaben", dessen „liebenswürdiger" Schwester, ferner verschiedener „heiterer Eindrücke" seiner schriftstellerischen Produktionen, denen man „Verdienst und Talent nicht absprechen" könne; er habe viel von dessen „Wirkungen“ auf dem Theater – durchaus auch finanziell – profitiert. Es läge ihm also fern, Hass mit Hass zu begegnen. Dann gibt es aber noch ein weiteres Blatt, das möglicherweise später entstanden ist, denn er spricht jetzt von Kotzebue in der Vergangenheit. Dort wird er schärfer:

> Kotzebue hatte bei seinem ausgezeichneten Talent in seinem Wesen eine gewisse Nullität, die niemand überwindet, die ihn quälte und nöthigte, das Treffliche herunter zu setzen damit er selbst trefflich scheinen möchte. So war er immer Revolutionär und Sklav, die Menge aufregend, sie beherrschend, ihr dienend; und er dachte nicht, daß die platte Menge sich aufrichten, sich ausbilden, ja sich hoch erheben könne, um Verdienst, Halb- und Unverdienst zu unterscheiden.[227]

Dass Kotzebue lediglich im Sinn gehabt habe, das Publikum („die platte Menge!“) zu unterhalten, und dabei versäumt habe, es zu „erheben“, sei also der hauptsächliche Mangel des Dramatikers, begründet in seinem Charakterzug, der „Nullität“. Goethe unterstellt dem Gegner, diese Eigenschaft zu kennen, aber nicht dagegen ankommen zu können, er lasse sich von seiner Eitelkeit treiben.

Dass Goethe auch durchaus empfindlich reagieren und die Grenzen des guten Anstands überschreiten konnte, ist aber, jenem „Hausmittel“ zum Trotz, schon gelegentlich deutlich geworden. Indem er die Wartburger Bücherverbrennung gutheißt, verrät er, wie unangenehm ihm Kotzebue werden konnte. Und befremdlich ist der Ausruf, als er von Kotzebues Tod erfährt. In seinem Tagebuch hält er am 26.3.1819 fest: „Canzler von Müller die Nachricht von Kotzebue!!!! Ermordung.“[228] Die vier Ausrufezeichen verraten Erregung, vielleicht sogar Genugtuung über den Tod des ungeliebten Gegners.

Nichtsdestoweniger findet er, was die Wertschätzung des Kontrahenten angeht, später doch noch mildere Worte. Er lobt

- am 25. Oktober 1923 - gegenüber Eckermann Kotzebues Theatertalent:

> Was zwanzig Jahre sich erhält [...] und die Neigung des Volkes hat, das muß schon etwas sein. Wenn er in seinem Kreise blieb und nicht über sein Vermögen hinausging, dann machte Kotzebue in der Regel etwas Gutes.

Es folgt dann eine Einschränkung, die das Verhältnis der beiden Dichter zueinander treffend beschreibt:

> Es ging ihm wie Chodowiecki; die bürgerlichen Szenen gelangen auch diesem vollkommen, wollte er aber römische oder griechische Helden zeichnen, so ward es nichts.[229]

Bürgerliche, alltägliche Szenen - das kann Kotzebue. Um „Klassiker" im Wortsinn zu sein, hätte er sich in der klassischen Antike zurechtfinden müssen. Dies aber war ihm nicht bestimmt. Goethe spielt hier darauf an, dass Kotzebue sich durchaus auch auf diesem Gebiet versucht habe, wenn auch ohne Erfolg: Das Publikum wollte weiterhin die seichten Themen sehen. Was Goethe hier unerwähnt lässt, hätte Kotzebue ihm antworten können: Auch die „klassischen" Versuche der Schlegelbrüder sind gescheitert.

Gegenüber Eckermann spricht Goethe auch - am 16. Mai 1828 - von „Gedichtchen", die er über Kotzebue, Böttiger und andere geschrieben habe. Sie seien die „einzige unschuldige Waffe", die ihm gegen die Angriffe seiner Feinde zu Gebote gestanden hätte, und er habe sich dabei im Stillen Luft gemacht und sich von dem „fatalen Gefühl des Mißwollens befreit und gereinigt." Er habe sie nicht veröffentlicht, weil er damit nur die „oft boshaften Häkeleien" seiner Gegner genährt hätte.[230] Zu diesen „Gedichtchen" gehört das bereits zitierte „Ultimatum", überhaupt nennt er Kotzebue gerne mit Böttiger zusammen, so etwa in „K... und B...", die er „die gründlichsten Schuften, die Gott erschuf" nennt[231] oder in einem Gedicht ohne Titel, in dem zwei „Gottheiten" anfingen, schlechten Teig zu kneten, und zwar „beflissen", worauf dann für das Ergebnis dieser Bemühung ein Reimwort zu finden ist...[232] In einem kleinen Vierzeiler gibt er sich selbst die Antwort auf die Frage, warum er nicht auf die zahlreichen Angriffe des Gegners reagiere:

„Warum bekämpfst du nicht den Kotzebue,
Der scharfe Pfeile, dir zu schaden, richtet?"
Ich sehe schadenfroh im Stillen zu,
Wie dieser Feind sich selbst vernichtet.[233]

Mit dieser Beurteilung hat er Recht behalten. Kotzebue ist an sich selbst gescheitert, nicht an dem Weimarer Kontrahenten Goethe. Bedenklich ist dennoch ein Hang zur Schadenfreude, die er hier äußert und die seiner eigentlich unwürdig ist.

*

Herablassend, aber dennoch treffend, ist schließlich ein Gedicht Goethes über den Mann, der zeitlebens in seinem Schatten stand:

„An Kotzebue. Februar 1816"

Natur gab dir so schöne Gaben,
Als tausend andre Menschen nicht haben;
Sie versagte dir aber den schönsten Gewinnst,
Zu schätzen mit Freude fremdes Verdienst.

Könntest du dich deiner Nachbarn freuen,
Du stelltest dich ehrenvoll mit in den Reihen;
Nun aber hat dich das Recht verdrossen,
Und hast dich selber ausgeschlossen.

Und wenn nach hundert Jahren ein Meiner
Deiner Werke gedenkt und deiner,
So darf er es nicht anders sagen;
Du kannst ihn bei'm jüngsten Gericht verklagen.[234]

Die Verse zeigen, wie viele andere Äußerungen zuvor, die deutliche Differenz zwischen den beiden Kontrahenten auf: Es geht Goethe weniger um die dichterische Produktion Kotzebues – diese erkennt er meist an, mitunter durchaus mit ehrlichem Lob –, das größere Konfliktpotenzial liegt in den Charakteren. In ihrer Eitelkeit waren sie sich ähnlich, hinter Goethes universeller Geistesgröße musste Kotzebue allerdings zurückbleiben.

Literatur

A. Primärliteratur:

Die ästhetische Prügeley. Streitschriften der antiromantischen Bewegung. Hrsg. v. Rainer Schmitz. Göttingen 1992.

Athenäum. Eine Zeitschrift. Von August Wilhelm Schlegel und Friedrich Schlegel. Ausgew. u. bearb. v. Curt Grützmacher. 2 Bde. Reinbek 1969. (= Rowohlts Klassiker der Literatur und der Wissenschaft. Deutsche Literatur. 29, 30.)

Authentischer Bericht über die Ermordung des kaiserlich-russischen Staatsraths Herrn August von Kotzebue nebst vielen interessanten Notizen über ihn und über Carl Sand, den Meuchelmörder, sowie Acten-Auszüge aus dem Untersuchungs-Process über Carl Ludwig Sand nebst anderen Materialien zur Beurtheilung desselben und Augusts von Kotzebue. [Reprint der Ausgabe Mannheim 1819.] Heidelberg 2005.

Böttiger, Karl August: *Literarische Zustände und Zeitgenossen. In Schilderungen aus K. A. B.'s handschriftlichem Nachlasse.* 2 Bde. Hrsg. v. K[arl] W[ilhelm] Böttiger. Leipzig 1838. – Neuauflage mit dem Untertitel: *Begegnungen und Gespräche im klassischen Weimar.* Hrsg. v. Klaus Gerlach und René Sternke. Berlin 1998.

Der Briefwechsel zwischen Schiller und Goethe. 3 Bde. Leipzig 1984.

Das Drama der klassischen Periode. 2. Teil, 2. Abt.: Kotzebue und Collin. Hrsg. v. Adolf Hauffen. Stuttgart o. J. (= Deutsche National-Litteratur. 139.) [Enthält die Stücke *Menschenhass und Reue, Die Indianer in England* und *Die deutschen Kleinstädter.*]

Eckermann, Johann Peter: *Gespräche mit Goethe in den letzten Jahren seines Lebens.* Hrsg. von H. H. Houben. Wiesbaden 1959 [zitiert als: Eckermann].

Falk, Johannes: *Goethe aus näherm persönlichen Umgange dargestellt.* Nachw., Bibliographie und Namensverzeichnis v. Ernst Schering. Hildesheim 1977. [Reprographischer Nachdruck der Ausgabe Leipzig 1832.]

Goethe, Johann Wolfgang: *Werke.* Hrsg. im Auftrage der Großherzogin Sophie von Sachsen. Weimar 1887-1919. [Zitiert als WA].

Goethe, Johann Wolfgang: *Sämtliche Werke.* Münchner Ausgabe Bd. 8: Briefwechsel zwischen Schiller und Goethe in den Jahren 1794 bis 1805. Gütersloh 1990.

Goethes Gespräche. Aufgrund der Ausgabe u. des Nachlasses v. Flodoard Freiherrn v. Biedermann ergänzt u. hrsg. v. Wolfgang Herwig. 4 Bde. Zürich und Stuttgart 1965-1987 [zitiert als: Gespräche].

Goethe aus der Nähe. Berichte von Zeitgenossen. Ausgew. und kommentiert v. Eckart Kleßmann. München & Zürich 1995.

Goethe in vertraulichen Briefen seiner Zeitgenossen. Zusammengestellt v. Wilhelm Bode. Bd. 2. 1794-1816. Berlin 1999.

Houben, H. H. (Hrsg.): *Damals in Weimar. Erinnerungen und Briefe von und an Johanna Schopenhauer.* 2. Aufl. Berlin o. J. [1929].

Kotzebue, August von: *Die deutschen Kleinstädter. Ein Lustspiel in vier Akten.* Mit einem Nachwort v. Otto C. A. zur Nedden. Stuttgart 1978. (= Reclams Universal-Bibliothek. 90.)

Kotzebue, August von: *Die deutschen Kleinstädter. Ein Lustspiel in vier Akten.* Text und Materialien besorgt v. Hans Schumacher. Berlin 1964. (= Komedia. Deutsche Lustspiele vom Barock bis zur Gegenwart. 5.)

Kotzebue, August von: *Die Indianer in England. Lustspiel in drey Aufzügen.* Mit zwölf Kupferstichen von Daniel Chodowiecki. Hrsg. u. mit einem Nachw. v. Alexander Košenina. Hannover 2015. (= Theatertexte. 47.)

Kotzebue, August von: *Das merkwürdigste Jahr meines Lebens.* Neusatz mit einer Biographie des Autors hrsg. von Michael Holzringer. 4. Aufl. Berlin 2015.

Kotzebue, August von: *Schauspiele.* Mit einer Einführung v. Benno v. Wiese. Hrsg. u. kommentiert v. Jürg Mathes. Frankfurt a. M. 1972.

Kotzebue, August von: *Selbstbiographie.* Wien 1811.

Maurach, Bernd (Hrsg.): *Der Briefwechsel zwischen August von Kotzebue und Carl August Böttiger.* Bern [u.a.] 1987.

Schlegel, August Wilhelm: *Sämmtliche Werke.* Hrsg. von Eduard Böcking. Bd. 2. Nachdruck d. 3. Ausgabe Leipzig 1846. Hildesheim & New York 1971. Darin: „Ehrenpforte und Triumphbogen für den Theater-Präsidenten von Kotzebue bei seiner gehofften Rückkehr in's Vaterland. Mit Musik.“ S. 257-342 (+ 4 S. Noten).

B. Sekundärliteratur

Bamberg, Claudia und Ilbrig, Cornelia (Hrsg.): *Aufbruch ins romantische Universum. August Wilhelm Schlegel.* Frankfurt a. M. 2017. (Ausstellungskatalog)

Beaulieu-Marconnay, Carl von: „Goethes Cour d'Amour. Bericht einer Teilnehmerin, nebst einigen Briefen“. In: *Goethe-Jahrbuch* 6 (1885), S. 63-72.

Biedermann, Woldemar von: *Goethe-Forschungen.* N.F. Leipzig 1886. [Darin Kapitel Kotzebue: S. 245-281.] Wieder abgedruckt in: *August von Kotzebue. Urtheile der Zeitgenossen und der Gegenwart.* Zusammengestellt von W[ilhelm] von Kotzebue. Dresden 1881. S. 26-67.

Bielschowsky, Albert: *Goethe. Sein Leben und seine Werke.* Bd. 2. München 2018.

Boas, Eduard: *Schiller und Goethe im Xenienkampf.* 2. Theil. Stuttgart & Tübingen 1851.

Borchmeyer, Dieter: *Weimarer Klassik. Portrait einer Epoche.* Studienausgabe. 2. Aufl. Weinheim 1998.

Conrady, Karl Otto: *Goethe. Leben und Werk.* 2 Bde. Königstein/Taunus 1981, 1985.

Eloesser, Arthur: *Das bürgerliche Drama. Seine Geschichte im 18. und 19. Jahrhundert.* Genf 1970. [Reprint der Ausgabe Berlin 1898.]

Fischer-Dieskau, Dietrich: *Goethe als Intendant. Theaterleidenschaften im klassischen Weimar.* München 2006. (= dtv. 24581.)

Friedländer, Richard: *Goethe. Sein Leben und seine Zeit.* München 1963.

Fröschle, Hartmut: *Goethes Verhältnis zur Romantik.* Würzburg 2002.

Gebhardt, Armin: *August von Kotzebue. Theatergenie zur Goethezeit.* Marburg 2003.

Härtl, Heinz: Deutsche Frühromantik. Eine Chronik. In: Uwe Grüning / Hartwig Schulz / Heinz Härtl (Hrsg.): *Befreundet mit diesem romantischen Tal. Beiträge zum Romantikerkreis in Jena.* Jena 1993. S. 53-118.

Heizmann, Bertold: *Ich fühlte mich zu mancher leidenschaftlich hingezogen. Der Theaterdirektor Goethe und seine Schauspielerinnen.* Warendorf 2004.

Kaeding, Peter: *August von Kotzebue. Auch ein deutsches Dichterleben.* Berlin [DDR] 1985.

Kleßmann, Eckart: *Goethe und seine lieben Deutschen. Ansichten einer schwierigen Beziehung.* Frankfurt a. M. 2010.

Košenina, Alexander: „Nullität". In Goethes trotzigem Verdikt bebt der Streit um *Die deutschen Kleinstädter* nach. In: *Germanische-Romanische Monatsschrift* 64 (2014), S. 329-343.

Kotzur, Josef: *Die Auseinandersetzung zwischen Kotzebue und der Frühromantik um die Jahrhundertwende.* Gleiwitz 1932. Zugl. Diss. Breslau 1932.

Liersch, Werner: *Eine Tötung im Angesicht des Herrn Goethe. Ein deutscher Reiseroman.* Berlin [DDR] 1989.

Ludwig, Emil: *Goethe. Geschichte eines Menschen.* Bd. 2. Berlin 1926.

Mattern, Pierre: *„Kotzebue's Allgewalt". Literarische Fehden und politisches Attentat.* Würzburg 2011. (= Epistema. Würzburger Wissenschaftliche Schriften. 624.)

Maurer, Doris: *August von Kotzebue. Ursachen seines Erfolges. Konstante Elemente der unterhaltsamen Dramatik.* Bonn 1979. (= Bonner Arbeiten zur deutschen Literatur. 34.)

Oesterle, Günter: „Romantische Satire und August Wilhelm Schlegels satirische Virtuosität". In: Claudia Bamberg / Cornelia Ilbrig (Hrsg.): *Aufbruch ins romantische Universum: August Wilhelm Schlegel.* Katalog der Ausstellung im Freien Deutschen Hochstift 2017. Göttingen 2017. S. 70-82.

Pütz, Peter: „Zwei Krähwinkeliaden 1802/1848. Kotzebue: Die deutschen Kleinstädter. Nestroy: Freiheit in Krähwinkel!", in: Walter Hinck (Hrsg.): *Die deutsche Komödie. Vom Mittelalter bis zur Gegenwart.* Düsseldorf 1977. S.

175-194.

Reichard, Georg: *August Wilhelm Schlegels „Ion". Das Schauspiel und die Aufführungen unter der Leitung von Goethe und Iffland.* Bonn 1987. (= Mitteilungen zur Theatergeschichte der Goethezeit. 9.)

Safranski, Rüdiger: *Goethe. Kunstwerk des Lebens.* Biographie. München 2013.

Safranski, Rüdiger: *Goethe und Schiller. Geschichte einer Freundschaft.* München 2009.

Simanowski, Roberto: *Die Verwaltung des Abenteuers. Massenkultur um 1800 am Beispiel Christian August Vulpius.* Göttingen 1998. (= Palaestra. Untersuchungen aus der deutschen und skandinavischen Philologie. 302.)

Simon, Heinz-Joachim: *Kotzebue. Eine deutsche Geschichte.* München 1998.

Stenger, Gerhard: *Goethe und August von Kotzebue.* Breslau 1910. (= Breslauer Beiträge zur Literaturgeschichte. 22.)

Stock, Frithjof: *Kotzebue im literarischen Leben der Goethezeit. Polemik – Kritik – Publikum.* Düsseldorf 1971. (= Literatur in der Gesellschaft. 1.)

Stockum, Theodorus Cornelis van: „August Wilhelm Schlegels Drama *Ion* und sein griechisches Vorbild". In: Ders.: *Von Friedrich Nicolai bis Thomas Mann. Aufsätze zur deutschen und vergleichenden Literaturgeschichte.* Groningen 1961, S. 176-192.

Tarvas, Mari (Hrsg.): *Von Kotzebue bis Fleming. Literatur-, Kultur- und Sprachkontakt im Baltikum.* Würzburg 2012.

Tümmler, Hans: *„Und der Gelegenheit schaff' ein Gedicht!". Goethes Gedichte an und über Persönlichkeiten seiner Zeit und seines politischen Lebenskreises.* Bad Neustadt a. d. Saale 1984.

Varnhagen von Ense, Karl August: „Kotzebue's Ermordung." Bruchstück aus den ungedruckten Denkwürdigkeiten. In: *Deutsches Museum. Zeitschrift für Literatur, Kunst und öffentliches Leben* 1 (1851), S. 641-673.

Wahle, Julius: *Das Weimarer Hoftheater unter Goethes Leitung. Aus neuen Quellen bearbeitet.* Weimar 1892. (= Schriften der Goethe-Gesellschaft. 6.)

C. Sonstige Literatur

Biedrzynski, Effi: *Goethes Weimar. Ein Lexikon der Personen und Schauplätze.* 2. Aufl. Zürich & München 1993.

Mann, Golo: *Deutsche Geschichte des 19. und 20. Jahrhunderts.* Erweiterte Sonderausgabe. 14. Aufl. Frankfurt a. M. o.J. ([1]1958)

Nietzsche, Friedrich: „Menschliches, Allzumenschliches". In: F. N.: *Werke in drei Bänden.* Hrsg. v. Karl Schlechta. Bd. 1. München 1966.

Wilpert, Gero von (Hrsg.): *Goethe-Lexikon.* Stuttgart 1998. (= Kröners Taschenausgabe. 407.)

Anmerkungen

1 Golo Mann: Deutsche Geschichte, S. 126.
2 Varnhagen von Ense: „Kotzebues Ermordung", S. 649.
3 Julius Wahle: Das Weimarer Hoftheater, S. 318 f.
4 Zitiert bei Frithjof Stock: Kotzebue im literarischen Leben der Goethezeit, S. 166.
5 Zitiert bei: Kotzebue, Schauspiele, Anhang, S. 540 f.
6 A. W. Schlegel: Sämmtliche Werke, Bd. 2, S. 270f. - Vgl. auch Pierre Mattern: Kotzebue's Allgewalt, S. 120.
7 Falk: Goethe, S. 91.
8 Schillers Werke. Nationalausgabe. Bd. 42, Weimar 1967, S. 368.
9 Zitiert bei Eduard von Bamberg (Hrsg.): Die Erinnerungen der Karoline Jagemann, S. 283. - Vgl. auch Frithjof Stock: Kotzebue im literarischen Leben der Goethezeit, S. 10.
10 WA I, 40, S. 78.
11 Faust I, Vers 90/92.
12 Faust I, V. 95 ff.
13 Woldemar von Biedermann: August von Kotzebue, S. 27.
14 Ebd., S. 28.
15 Friedrich Nietzsche: Werke, Bd. 1, S. 799 f.
16 Ebd., S. 800.
17 Selbstbiographie, S. 4.
18 Ebd., S. 5.
19 Ebd., S. 11.
20 Ebd., S. 14.
21 Ebd., S. 25.
22 Ebd.
23 Vgl. Bertold Heizmann: „Ich fühlte mich zu mancher leidenschaftlich hingezogen", S. 7 ff.
24 Gespräche III, 1, S. 640.
25 WA I, 9, S. 119.
26 Der Ausdruck geht zurück auf die Hauptfigur des Schäferromans Astrée von Honoré d'Urfé (1568-1625).
27 Böttiger: Literarische Zustände, Neuauflage, S. 72.
28 Selbstbiographie, S. 25 f.
29 Ebd., S. 28.
30 Ebd., S. 33.
31 Kotzebue: Schauspiele, S. 86.
32 Ebd., S. 87.
33 Ebd., S. 105.

34 Ebd., S. 104.
35 Ebd., S. 83.
36 Ebd., S. 93.
37 Ebd., Anhang, S. 541.
38 Ebd., Anhang, S. 542.
39 Kotzebue: Die Indianer in England, S. 20.
40 Ebd., S. 18.
41 Zitiert ebd., Nachwort, S. 112.
42 Vgl. ebd., S. 117.
43 Kotzebue, Schauspiele, Anhang, S. 549.
44 Zitiert ebd., S. 551.
45 Vgl. Kotzebue: Schauspiele, Anhang, S. 537.
46 WA IV, 9, S. 180 f.
47 WA IV, 9, S. 277. Vgl. dazu Conrady: Goethe, Bd. 2, S. 118.
48 Vgl. dazu Safranski: Goethe, S. 403.
49 Vgl. Borchmeyer, Weimarer Klassik, v.a. S. 183 ff.
50 Ebd., S. 359.
51 Die verschiedenen Goethe-Ausgaben geben die Xenien in unterschiedlicher Auswahl und Reihenfolge wieder. Auch die Nummerierung differiert. Deshalb wird eine Reihe von Xenien nach folgender Ausgabe zitiert: Goethes Werke. Hrsg. von Heinrich Kurz. Bd. 1. Leipzig: Bibliographisches Institut o.J. – Das angeführte Zitat findet sich dort auf S. 570.
52 Ebd., S. 570.
53 Ebd.
54 Ebd., S. 576.
55 Ebd., S. 570.
56 WA I, 5,1, S. 248.
57 Ebd.
58 Alle Zitate WA I, 5,1, S. 263 ff.
59 WA I, 5,1, S. 244.
60 Die ästhetische Prügeley, S. 248.
61 Vertrauliche Briefe, Bd. 2, S. 190.
62 Ebd., S. 191.
63 WA IV, 11, S. 263.
64 Bielschowsky: Goethe, Bd. 2, S. 127.
65 Boas: Xenienkampf, Bd. 2, S. 81.
66 Ebd., S. 82.
67 Ebd., S. 96.
68 An Schiller, 3.1.1800; WA IV, 15, S. 7.
69 2.4.1829; Eckermann, S. 253. Vgl. auch Maximen und Reflexionen

Nr. 863.
70 WA I, 35, S. 85.
71 Athenäum, Bd. 1, S. 139.
72 Gespräche, Bd. 1, S. 840; vgl. auch Safranski, Goethe und Schiller, S. 160.
73 Schillers Gespräche, NA 42, S. 150.
74 Zitiert bei: Aufbruch ins romantische Universum, S. 85.
75 Der Briefwechsel zwischen Schiller und Goethe, Bd. 2, S. 122.
76 Ebd., S. 124.
77 Ebd., S. 123.
78 Schillers Gespräche, NA 42, S. 171.
79 Ebd., S. 231.
80 Zitiert bei: Aufbruch ins romantische Universum, S. 57.
81 Dies ist der Titel eines Buches von Konrad Kratzsch: Klatschnest Weimar. Ernstes und Heiteres, Menschlich-Allzumenschliches aus dem Alltag der Klassiker. Würzburg 2002.
82 Vertrauliche Briefe, Bd. 2, S. 214.
83 Ebd., S. 175.
84 Werke, Bd. X, S. 311 f.
85 Schriften, Bd. 9, S. 57.
86 Schriften, Bd. 12, S. 364.
87 Athenäum, Bd. 1, Fragment Nr. 59.
88 Zitiert nach: Die ästhetische Prügeley, S. 44.
89 Zitiert nach dem Abdruck in Die ästhetische Prügeley, S. 5-45, hier: S. 28.
90 Ebd.
91 Ebd., S. 30.
92 Ebd., S. 39.
93 Zitiert ebd.
94 So Caroline Schlegel an ihre Tochter am 21.10.1799; zitiert in: Die ästhetische Prügeley, S. 326.
95 Ebd., S. 327.
96 Ebd., S. 326.
97 Das merkwürdigste Jahr, S. 137.
98 Ebd., S. 149.
99 Ebd., S. 164.
100 Ebd., S. 170.
101 Ebd., S. 169.
102 Kotzebues „Vorrede“ in der Erstausgabe 1801, S. VII.
103 Das merkwürdigste Jahr, S. 94.
104 Erstausgabe, S. VIII.

105 Ebd., S. V.
106 28.9.1800, WA IV, 15, S. 121.
107 Ebd., S. 328 f.
108 Januar (?) 1810; Gespräche, Bd. 2, S. 502.
109 A. W. Schlegel: Poetische Werke, Bd. 2, S. 262.
110 Ebd., S. 266.
111 Ebd., S. 269.
112 Ebd., S. 274.
113 Ebd., S. 325 f.
114 Ebd., S. 327.
115 Ebd., S. 330.
116 22.12.1800; WA IV, 15, S. 162.
117 Vertrauliche Briefe, Bd. 2, S. 178.
118 Ebd., S. 179.
119 WA I, 35, S. 93.
120 Vertrauliche Briefe, Bd. 2., S. 188.
121 Aus den Erinnerungen der Henriette von Egloffstein; Gespräche, Bd. 1, S. 815.
122 Falk: Goethe, S. 177.
123 WA IV, 15, S. 285; WA IV, 16, S. 8 u. ö.
124 Schiller an Körner, Vertrauliche Briefe, Bd. 2, S. 195.
125 Ebd.
126 WA I, 1, S. 107.
127 Zitiert bei Falk: Goethe, S. 181.
128 Böttiger 1838, Bd. 1, S. 63.
129 Falk: Goethe, S. 183 f.
130 An Cotta, 10.12.1801; Vertrauliche Briefe, Bd. 2, S. 196.
131 „Dramatische Preisaufgabe", WA I, 40, S. 69 f.
132 An Rochlitz, 8.10.1801; Vertrauliche Briefe, Bd. 2, S. 195.
133 A. W. Schlegel, Werke, Bd. 2, S. 203.
134 A. W. Schlegel: Werke. Bd. 3, S. 300.
135 Ebd., S. 296, vgl. S. 297. - S. a. Frithjof Stock: Kotzebue, S. 12.
136 Vertrauliche Briefe, Bd. 2, S. 198/201. - Diese ‚Ausnahmen' finden sich auch teilweise in den literaturwissenschaftlichen Bewertungen der Aufführung, so schreibt Theodorus Stockum, 1962, S. 176: Das Stück habe einen „relativ großen, freilich nicht ganz unangefochtenen Erfolg" gehabt, den es „hauptsächlich der sorgfältigen und gewissenhaften Regie Goethes" zu verdanken gehabt habe.
137 WA I, 40, S. 78.
138 Ebd.

139 Ebd., S. 79
140 WA I, 35, S. 120.
141 Vgl. Eckart Kleßmann: Goethe und seine lieben Deutschen, S. 248.
142 Vertrauliche Briefe, Bd. 2, S. 201.
143 Goethe aus der Nähe, S. 67.
144 Ebd., S. 66.
145 WA I, 35, S. 120. (S. o., S. 101).
146 Vgl. ebd., S. 121.
147 Vgl. Sigrid Damm: Caroline Schlegel-Schelling. Ein Lebensbild in Briefen. Frankfurt a. M. 2009, S. 209.
148 WA I, 35, S. 121.
149 Die von Goethe aufgestellten „Weimarer Theaterregeln" waren schon zu seiner Zeit oft Gegenstand kritischer Anmerkungen. Gefordert waren die pedantische Beachtung bestimmter Körperhaltungen, z. B. Skandieren der Verse mit auf- und abgeschwenktem Arm, Vermeidung von Dialekten usw. – Vgl. Richard Friedländer: Goethe, S. 482 f. sowie Wahle: Das Weimarer Hoftheater, S. 166 ff.
150 Böttiger, 1838, S. 87 f. – Der Aufsatz „Über die Aufführung des Ion auf dem Hoftheater zu Weimar" fehlt in der 2., überarbeiteten Auflage von 1998.
151 WA IV, 16, S. 3 f.
152 Vertrauliche Briefe, Bd. 2, S. 204 f.
153 Dieser „Vertilgungskrieg" führt letztlich auch dazu, dass Böttiger Weimar verlässt und, hochgeachtet, in Dresden als Schulleiter und Theaterdirektor wirkt. Er stirbt 1835. Goethe hat ihm noch ein paar Invektiven, von denen „Arschgesicht" (Gespräche, Bd. 2, S. 7) die heftigste ist, hinterher geworfen. Böttigers „Rache" besteht gewissermaßen darin, dass er seine Erlebnisse und Erfahrungen mit den Größen Weimars in einem Buch zusammengefasst hat: Literarische Zustände und Zeitgenossen, posthum 1838 von seinem Sohn herausgegeben. Heute noch lesenswert, wenn auch nicht unumstritten, wegen der unverklärten Sicht auf die „Klassiker".
154 Briefwechsel zwischen August von Kotzebue und Carl August Böttiger, S. 74.
155 Vertrauliche Briefe, Bd. 2, S. 212.
156 Ebd., S. 214.
157 Falk: Goethe, S. 186 f.
158 Vertrauliche Briefe, Bd. 2, S. 215.
159 WA I, 35, S. 122 f.
160 7.10.1827; Eckermann, S. 493 f.

161 WA I, 35, S. 124.
162 Ebd.
163 Zitiert bei Stenger: Goethe und August von Kotzebue, S. 25.
164 Vertrauliche Briefe, Bd. 2, S. 215.
165 Zitiert bei Falk: Goethe, S. 197 f.
166 Zitiert bei Stenger: Goethe und August von Kotzebue, S. 30 f.
167 WA I, 35, S. 125.
168 Vertrauliche Briefe, Bd. 2, S. 215 f. - Vgl. auch Die Ästhetische Prügeley, S. 505.
169 WA I, 35, S. 121.
170 WA IV, 19, S. 73.
171 Die deutschen Kleinstädter, Reclam-Ausgabe, S. 28.
172 Ebd., S. 43.
173 Ebd., S. 46.
174 Ebd., S. 48.
175 Ebd., S. 80.
176 Die ästhetische Prügeley, S. 504. - Dort werden sämtliche Änderungen Goethes aufgelistet, versehen mit einem Kommentar Kotzebues.
177 Alle Zitate ebd., S. 500 ff.
178 Ebd., S. 502.
179 Vertrauliche Briefe, Bd. 2., S. 214. - Es ist dieser Brief, in dem Böttiger behauptet, Goethe lasse sich gar von den Schlegels „in Weihrauchwolken einhüllen".
180 WA IV, 16, S. 47.
181 Gespräche, Bd. 1, S. 849.
182 Zitiert bei: Die ästhetische Prügeley, S. 467.
183 Zitiert bei: Aufbruch ins romantische Universum, S. 76.
184 Diese „Erklärung" ist abgedruckt in: Die ästhetische Prügeley, S. 167 f.
185 Ebd., S. 447.
186 Abgedruckt ebd., S. 169-173.
187 Ebd., S. 173.
188 Goethes Begleiterin ist die Hofdame Amalie von Imhoff, die zu seinem „Mittwochskränzchen" gehörte und in Schillers Horen einige Gedichte veröffentlicht hat. Ihr Versepos „Die Schwestern von Lesbos" gefiel Goethe; er hat es einer Bearbeitung unterzogen.
189 Die ästhetische Prügeley, S. 162.
190 Zitiert ebd., S. 425.
191 Ebd., S. 426.
192 Ebd., S. 485.

193 Ebd., S. 204.
194 Ebd., S. 219 f.
195 Ebd., S. 220.
196 Ebd., S. 221.
197 Zitiert bei Stenger: Goethe und August von Kotzebue, S. 141.
198 Vgl. ebd., S. 146.
199 WA I, 5,1, S. 176.
200 Zitiert bei: Stenger: Goethe und August von Kotzebue, S. 89 f.
201 Zitiert ebd., S. 90.
202 Zitiert ebd., S. 97.
203 WA I, 11, S. 190 f.
204 Der Briefwechsel zwischen August von Kotzebue und Carl August Böttiger, S. 235.
205 Gespräche II, S. 504.
206 Ebd., S. 74.
207 Ebd., S. 446 f.
208 Kaeding: Kotzebue, S. 284, vermerkt fälschlicherweise, Jahn habe selbst dazu aufgerufen. In Wirklichkeit hat Jahn zwar die Liste der zu ‚verbrennenden' Bücher angefertigt, diese aber auf dem Wartburgfest durch seinen Vertrauten Hans Ferdinand Maßmann verlesen lassen.
209 In der Studentensprache: „Nieder mit ihm!" (lat.).
210 Gespräche Bd. 3, 1, S. 38 f.; vgl. auch Emil Ludwig: Goethe, Bd. 2, S. 414.
211 Vgl. Goethe-Lexikon, S. 922.
212 WA IV, 28, S. 335.
213 WA I, 5, S. 182.
214 Vgl. dazu Tümmler: Goethes Gedichte, S. 103 ff. und die Darstellung bei Emil Ludwig, Bd. 2, S. 414 f.
215 Goethe spielt hier auf die Affäre um den Doktor Bahrdt an.
216 An Voigt, 27. Januar 1818; WA IV, 29, S. 29 f.
217 Vgl. Damals in Weimar. Erinnerungen und Briefe von und an Johanna Schopenhauer. Ges. u. hrsg. von H. H. Houben. 2. Aufl. Berlin o. J. [1929], S. 271.
218 Nachdruck Heidelberg 2005. Mit einem Nachwort von Sabine Bayerl.
219 Zitiert bei Varnhagen: „Kotzebue's Ermordung", S. 661.
220 Ebd., S. 660 f.
221 Zitiert im Nachwort zum Authentischen Bericht, S. 216 f.
222 Zitiert bei: Dmitri Mereschkowski: Alexander I. Historischer Roman. Übers. v. Alexander Eliasberg. Neuausgabe des Erstdrucks 1913.

Berlin 2018, S. 117 f. – Den Hinweis verdanke ich Herrn Peter Wasmus, Bad Harzburg.

223 München 1998.

224 Berlin [DDR] 1989. – Den Hinweis verdanke ich Frau Vicki Spindler, Berlin.

225 Erst in letzter Zeit melden sich zaghafte Proteste. So vermeldet die Süddeutsche Zeitung am 16.6.2017 (S. 28) die Initiative eines Historikers, der darauf dringe, den Umstand zu „hinterfragen", dass die Stadt Wunsiedel einem Mörder „huldige".

226 WA I, 36, S. 281.

227 Ebd., S. 283. – Vgl. dazu Košenina: „Nullität", S. 342. Dieser nennt die Äußerung einen „wahren Keulenschlag".

228 WA III, 7, S. 30.

229 Eckermann, S. 44 f.

230 Eckermann, S. 523.

231 WA I, 5,1, S. 173.

232 Ebd., S, 174.

233 Ebd., S. 182.

234 Ebd., S. 181.

Der Autor

Bertold Heizmann, geboren 1944 in Freiburg i. Br. Studium der Germanistik, Philosophie und Sozialwissenschaften in Freiburg, Kiel, Heidelberg und Bochum. Nach Promotion und wissenschaftlicher Tätigkeit am Germanistischen Institut der Ruhr-Universität Bochum (1971-1980) Eintritt in den Schuldienst des Landes Nordrhein-Westfalen (bis 2008). Zahlreiche literaturwissenschaftliche und -didaktische Veröffentlichungen, u.a. über Herder, Goethe, Kleist, Schiller, die Romantik, Raabe, Fontane und Schnitzler. Seit 2012 Vorsitzender der Goethe-Gesellschaft Essen.